ISBN 978-0-282-80682-8
PIBN 10403687

1 MONTH OF
FREE
READING

at
www.ForgottenBooks.com

By purchasing this book you are eligible for one month membership to ForgottenBooks.com, giving you unlimited access to our entire collection of over 700,000 titles via our web site and mobile apps.

To claim your free month visit:
www.forgottenbooks.com/free403687

English
Français
Deutsche
Italiano
Español
Português

www.forgottenbooks.com

Mythology Photography **Fiction**
Fishing Christianity **Art** Cooking
Essays Buddhism Freemasonry
Medicine **Biology** Music **Ancient**
Egypt Evolution Carpentry Physics
Dance Geology **Mathematics** Fitness
Shakespeare **Folklore** Yoga Marketing
Confidence Immortality Biographies
Poetry **Psychology** Witchcraft
Electronics Chemistry History **Law**
Accounting **Philosophy** Anthropology
Alchemy Drama Quantum Mechanics
Atheism Sexual Health **Ancient History**
Entrepreneurship Languages Sport
Paleontology Needlework Islam
Metaphysics Investment Archaeology
Parenting Statistics Criminology
Motivational

DALLO STELVI AL MARE

APPRESSAMENTO ALLA GUERRA ⊙ DALLO STELVIO
ALL'APRICA ⊙ UN DUELLO DI ARTIGLIERIA ⊙ TERRA
REDENTA ⊙ LA VIA DI TRENTO ⊙ GIULIETTA E LA
GUERRA ⊙ TRE VALLI ⊙ CADORE ⊙ DUE CONCHE
⊙ OSPEDALE DI CAVALLI ⊙ SILENZI E FRAGORI ⊙
ANCORA ATTORNO AL FREIKOFEL ⊙ IL SILENZIO
DI MALBORGHETTO ⊙ LA CITTÀ SENZA BANDIERE
⊙ ALTO ISONZO ⊙ MEDIO ISONZO ⊙
IL CARSO ⊙ DA GRADISCA AL MARE

Con 21 carte geografiche

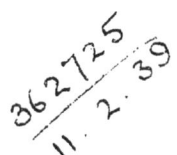

" I LIBRI D'OGGI "

In **FIRENZE** presso

R. BEMPORAD & FIGLIO - Via del Proconsolo, 7
LIBRERIA A. BELTRAMI - Via de' Martelli, 4
MILANO - ROMA - PISA - NAPOLI presso *R. BEMPORAD & FIGLIO*
TORINO   BOLOGNA   GENOVA   PALERMO
S. Lattes & C.   Ditta N. Zanichelli   Fratelli Treves   Ditta A. Reber
NEW YORK, Società Libraria Italiana - BUENOS AIRES, Libreria Dante Alighieri

PROPRIETÀ LETTERARIA

3-915 — FIRENZE - Tipografia " L'Arte della Stampa ", Succ. Landi - Via S. Caterina, 14

INDICE

Appressamento alla guerra

Appressamento alla guerra

Brescia, 14 agosto.

ANDAR A VEDERE LA GUERRA.... È un'idea, anzi una frase, che mette i brividi.

È una frase, non un'idea. Una pura frase vuota di senso. La guerra non è una cosa che *SI VA A VEDERE*.

Ma appressarsi, accostarsi in qualche modo alla guerra, non per entrarvi nel mezzo per viverla per morirvi; così, per sentirne qualche riflesso men lontano; lasciarla distinta, così, là, in faccia a noi, nel panorama; e noi qua, più vicini ch'è possibile, ma non tanto, non dentro; noi ed essa; la cosa e la persona: la persona mette davanti alla cosa un suo specchio, e poi in quello specchio, in quel pezzo di specchio stinto, che le trema tra le mani, vi fa vedere la guerra, la sua la vostra guerra.... È una cosa che dà i brividi; ha del grottesco, del crudele, del puerile; è un mezzo sogno, piuttosto penoso e stridulo; mette in un disagio ineffabile la logica e la passione dei nostri poveri cervelli e dei nostri cuori anelanti di traboccare.

APPRESSAMENTO ALLA GUERRA

Andiamo a mettere uno specchio davanti alla guerra?... Forse non ne avremo mai un senso più preciso, improvviso e avvolgente, di quello che dà, nell'alba, usciti da poco dalle città e dalle campagne il cui dovere e il cui eroismo è continuare in apparente tranquillità la vita di prima, l'accorgersi che si entra nella zona sacra alla grande avventura, perchè gli ingressi delle libere strade son guardate dai primi uomini della guerra, e perchè procedendo tra due distese di messi e di lavoro pacifico si raggiungono lunghe file di carri militari, guidati da soldati silenziosi, che guardano con occhi strani e vaghi verso il settentrione e l'oriente.

□ □ □

Lo troveremo forse, il senso dell'appressamento alla guerra, più preciso e concitato, entrando in un villaggio di fuoco e d'acciaio, dove ogni ora del giorno e della notte si fucinano le armi e i proiettili: la metallurgica della vittoria d'Italia.

Trent'anni sono erano tre piccole costruzioni isolate tra il silenzio dei campi: poi crebbe e prese l'aspetto di un grande stabilimento, irto di camini fumosi: oggi è un intero paese. L'ultima crescita fu prodigiosamente rapida. Un anno fa lo stabilimento copriva quattro chilometri quadrati, e vi lavoravano mille e settecento operai; oggi l'estensione è raddoppiata, e gli operai sono circa quattromila, e non bastano ancora. Ogni giorno aumenta il numero dei chilometri e degli uomini. Presto ai lavori più leggieri saranno adoperate anche le donne.

È una tradizione regionale. Ho percorsa in altri tempi una di queste valli minori: in ognuno dei paesetti che si specchiano nel torrente che la corre, si fabbricano armi, da secoli. Anche dove non hanno se non ordigni preistorici, date a quegli uomini un pezzo di ferro, ve ne faranno un magnifico pugnale.

Se dicessi la quantità della produzione giornaliera di armi automatiche e di proiettili di questo solo stabilimento sarebbero numeri da mettere spavento. Specialmente ai nemici....

Ma visitando una fabbrica d'armi come questa, non si pensa ai nemici. Non vien fatto di ricordare l'impiego di questa produzione, gli effetti di questa causa, tanto la vita del paese di fiamma e di ferro appare piena, organica, in sè compiuta e perfetta.

I sensi sono completamente afferrati, scossi e dominati dallo spettacolo nuovo e strano, e non lasciano luogo alla riflessione. Entrando nei primi cortili, tutto quel cumulo di rame e d'ottone, dischi verghe cilindri, tutto quel colore barbagliante, gialli di sole, rosei di pampini ancor pallidi del primissimo autunno, pare una festa : è un' inquietudine tutta sensuale; sono gli occhi soli, che s'ubriacano di colore vivo.

L'impressione si trasmuta di colpo, affacciandosi a uno degli immensi stanzoni bassi e quadrati dove si lavorano i bossoli. Nero a perdita d'occhio, rigidità di linee diritte e d'angoli retti, in una prospettiva di travature orizzontali e verticali. Con qualche esitazione si avventura il passo in quella foresta, con qualche lentezza l'occhio comincia a scorgere disegni varî nell'intrico uniforme, ad accorgersi che quella rigidità è piena di movimento, a scoprire la curva delle ruote, la morbidezza delle cinghie, e tutte le velocità le trasmutazioni gli avvivamenti di quel paesaggio strano, ch'era apparso da principio una morta fantasia cerebrale, che vediamo ora ne' suoi cicli perpetui di vita creante, mobile e intenso come la vita di una terra fertile osservata nel suo più profondo. Ma una natura maravigliosamente rapida nell'opera di creazione e di trasformazione senza posa. Una trave di metallo morto, inerte: ed ecco passa in un forno da cui escono vampe candide; qualche cosa la lancia fuori, a terra; una tenaglia l'afferra, la pone davanti a una sega meccanica: e noi seguiamo uno di quei pezzi, ancora rovente; non ha tempo di cominciare a imbrunire ed è già sotto una pressa idraulica che ne ha fatto un cilindro; e passa in un'altra macchina mostruosa che lo perfora, e in un'altra che ne regola il calibro, sempre sprizzando vampate rosse e scintille bianche, e intanto dietro quello altri di macchina in macchina già ne hanno inseguito il cammino, quasi più rapidi del nostro sguardo e del nostro passo; perchè abbiamo appena finito di attraversare la serie e già vediamo disposti a terra quei pezzi, che non sono più pezzi di ferro, sono bossoli di granate e di shrapnells. Stanno freddandosi.

Dall'ultimo al primo, mentre freddano, è una curiosa scala di colori in gradazione lentissima dal candido al vermiglio al rosso al paonazzo al violaceo al bruno. Shrapnells e granate di ogni calibro, pistole e fucili automatici, mitragliatrici, nascono in questo modo rapidissimamente e si compongono, fioriscono, sotto il lavoro preciso e continuo dei forni, dei torni, delle seghe, delle presse, delle trafile, delle pompe, dei trapani, delle fresatrici, delle limatrici. Se possiamo fermarci a esaminare partitamente qualcuna delle operazioni più sottili della lunga serie, la nostra maraviglia si rinnova di fronte alla finitezza di lavoro che l'ingegno umano ha saputo raggiungere per mezzo dell'automatismo apparentemente più bruto. Penso al tornio che incontro alla verga incandescente porge e spinge uno dopo l'altro, di fronte e di fianco, quattro cinque sei coltelli e scalpelli di taglio diverso, onde il pezzo n'esce complesso e rifinito come per il più paziente lavoro di una mano destra, vigilata continuamente da un pensiero attento e preciso.

Un'altra ragione di maraviglia è osservare come questo lavoro di produzione quotidiana ed enorme non abbia nulla di febbrile. È come la nostra storia di questi giorni, di quest'anno. I posteri li chiameranno giorni di ansia e di febbre, e non sono tali, perchè il fervore degli uomini forti e delle azioni grandi è stranamente calmo e misurato ne' suoi atti esteriori.

□ □ □

Ma più maraviglioso ancora si è, che uscendo dal luogo ove abbiamo visto nascere i più formidabili strumenti di distruzione, ci accorgiamo di non aver mai avuto pur un momento sotto gli occhi l'immagine della distruzione e della morte. Neppure sporgendoci sopra le lunghe fosse ove si fa la prova delle mitragliatrici, ove si vedono vertiginosamente vuotarsi i caricatori crivellando le tavole del bersaglio, non abbiamo pensato agli uomini che saranno al luogo di quelle tavole.

Ho detto già come l'impressione di questo luogo e di questo lavoro sia quello d'un mondo e d'una natura, compiuti nel loro organismo e nella continuità della loro creazione. Il mondo produce vite, e poi altre vite e altre vite ancora, e il contemplarne l'opera ci appaga, e solo nei momenti della tarda riflessione l'uomo si domanda lo scopo di quelle vite nel perpetuo, e solo per una specie d'ozio vano tenta di pensare il creato come una causa. Nello stesso modo, solo ritornati nella strada silenziosa, allontanati dal

APPRESSAMENTO ALLA GUERRA

paese di fuoco e di ferro, ricordiamo com'esso abbia uno scopo, e preciso e formidabilmente immediato e vitale.

Ma è un tardo atto di riflessione. Non è ancora un sentimento. La guerra è ancora lontana. Il viaggio nel paese delle armi non è ancora un appressamento alla guerra.

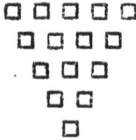

Dallo Stelvio all'Aprica

Dallo Stelvio all'Aprica

Aprica, 17 agosto.

COME una linea tortuosa, interrotta ne' suoi continui frasta-
gliamenti; ma grado grado, a procedere, si fa sempre più
grossa e più rossa, sino alla fine. Tale è la nostra guerra,
dallo Stelvio al mare: dall'alta Valtellina ove gli avversari si sorvegliano fermi e saldi, alla mischia grossa che incendia la regione del-
l'Isonzo. Per questo il viaggio dallo Stelvio a Monfalcone in margine
alla linea del fuoco, sarà un inoltrarsi graduale, sempre più addentro,
nella sensazione della guerra: e per questo anche l'interesse del lettore, leggendo le note che al viaggiatore sarà stato possibile cogliere,
dovrà gradatamente e naturalmente farsi sempre più vivo.

Ho detto che gli avversari, nella regione dello Stelvio, si guardano, fermi e saldi. Ciò va inteso con discrezione. Non azione defi-
nita, non complessità di movimenti, non vasti effetti raggiunti: ma
stanno due nemici, uno in faccia all'altro, a sorvegliarsi e tenersi a
freno. Fucilate, via, se ne tirano sempre: e se ne sono tirate anche
qui fin dai primi giorni, e qualche cannonata anche, e s'è fatto qualche

audace corpo a corpo. I due paesi avversi penetrano uno nell'altro strettamente per le frastagliature dell'artificioso confine: le cime e le depressioni continue su cui questo confine è tracciato, formano una bizzarra linea di posizioni d'offesa e di difesa. Una cima italiana guarda giù, in una valle austriaca; un costone nostro termina in una sella che la geografia politica assegna ai nemici. E così via. E tutta la linea del confine è marginata, di qua e di là, da due linee di avamposti, i nostri e i loro, e dagli uni e dagli altri partono continuamente pattuglie di sentinelle in ricognizione di avanscoperta; in più, i punti più importanti di quel frastaglio sono occupati o battuti da trinceramenti o da forti.

Ecco dunque uomini, gruppi di uomini, uomini nemici, uomini armati, i quali ogni tanto si vedono gli uni gli altri; là in faccia su quel pendìo, giù ai piedi in quel fondo di valle, sovra il capo su quella balza che si sporge. Sono fucilate e cannonate quotidiane, utili a mantenere vivo il rispetto nel nemico e indispensabili anche a tenere in regolare equilibrio il nostro ardore.

Dalla cresta della Forcola stanno silenziosi a vedere il duello i soldati svizzeri. Perchè al valico dello Stelvio, sotto il Dreisprachenspitz (o, come noi lo abbiamo ribattezzato, il Pizzo Garibaldi), passa il vertice della triplice frontiera italo-svizzera-austriaca.

□ □ □

Ma non c'è da temere che nella inazione il nostro ardore s'addormenti: al contrario, si esaspererebbe. Non può credere, chi non li ha sentiti parlare, quanto i soldati e gli ufficiali posti qui a far da colonna o da perno nella regione ove non si deve avanzare, soffrano di non potersi gettare a capofitto contro il maggior pericolo.

Ognuno di essi legge i giornali e pensa alla Carnia e all'Isonzo con invincibile invidia, e ognuno d'essi (e sono tanti nella valle, che n'è tutta cárica come un'arma pronta!) implora almeno come minimo di soddisfazione di far parte d'una pattuglia, di poter vedere, almeno una volta, l'austriaco. Quando lo vede, gli dà la caccia. Questa ci frutta ogni tanto anche qui, dove la guerra è ancora in attesa, qualche incerto di prigionieri nemici che i tranquilli paesi di montagna vedono passare con una gioia memore dei fasti valtellinesi del Risorgimento.

Ma alcuni fatti d'arme raggiunsero anche qui una notevole importanza: quelli in cui abbiamo provato la solidità della nostra difesa in occasione di tentàte irruzioni del nemico, e quelli con i quali una avanzata, materialmente brevissima, ci ha dato il possesso di cime che dominano valli verso il cuore del Trentino, rovesciando in qualche punto la situazione strategica iniziale.

È dei primi quello del 9 agosto. L'iniziativa fu dei nemici, che avevano tentato di attaccare il gruppo di montagne ghiacciate Ortler-Cevedale. Insieme con l'Adamello, esse costituiscono le porte, porte ben ferrate dalla natura, di questo confine. Dall'altissima Val d'Adda si stacca verso oriente la Valfurva, percorsa dal Frodolfo, e determina una specie di saliente molto smussato del nostro territorio entro la regione nordoccidentale del Trentino. Tutta una corona di

ghiacciai protegge ivi il confine, ghiacciai che si stringono intorno all'Ortler (alto oltre 3400 metri) e al Cevedale (oltre 3700 metri). Il gruppo conta ben sessanta ghiacciai, dei quali il più ampio è il ghiacciaio del Forno. Dal passo del Cevedale, più su, e dal ghiacciaio del Forno, più giù, gli austriaci tentarono dunque l'impeto contro le nostre difese. Salirono al primo da Val di Sulden, all'altro dalla valle del Noce. Già i nostri avevano respinto le pattuglie venute innanzi a riconoscere il passo. I nemici tornarono la notte, penetrarono per il colle di Vioz passando sulla neve congelata, calarono giù per il ghiacciaio del Forno, presero contatto coi nostri all'albergo del medesimo nome, e contrattaccati fuggirono. Il simile avveniva degli altri che contemporaneamente eran calati verso la capanna che conchiude a nord la vallata del Cedeh, affluente del Frodolfo.

Un ufficiale austriaco che guidava il passaggio per Vioz, restò ucciso. Gli trovarono indosso una lettera dove annunziava, non si sa a chi, che egli si sarebbe spinto contro i nostri perchè gli italiani hanno paura, e altre siffatte affermazioni da comunicato ufficiale

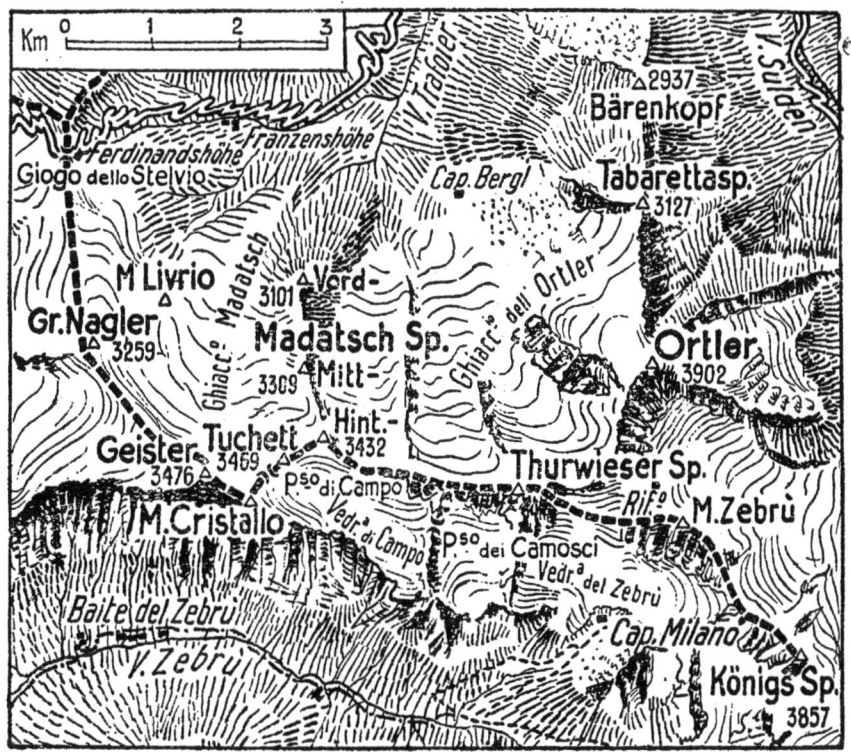

austriaco. Prima di esser colpito a morte deve aver avuto il tempo di ricredersi, chè vide i suoi uomini controinvestiti dagli italiani, in numero molto minore, e parecchi colpiti e gli altri messi in fuga, mentre dei nostri nessuno fu ucciso.

Contro il terzo monte del formidabile gruppo, cioè l'Adamello, già i nemici avevano tentato vanamente due assalti, uno il 15 e uno il 30 di luglio, valicando i passi di Venerocolo e di Brizio sul costone occidentale del gruppo dell'Adamello, e attaccando le nostre posizioni presso il refugio Garibaldi.

Meno ardua della via dello Stelvio appare, a nord dell'Adamello, la via del Tonale, e intorno al Tonale si combatte fin dal principio della guerra un duello d'artiglierie cui i comunicati ufficiali hanno accennato spessissimo, e la cui sorte pende ancora. A servizio della lotta per il Tonale si prese, fin dal primo giorno della guerra, la forcella di Montozzo (a 2625 metri) a nord del passo del monte, mentre gli austriaci sono fortificati a sud, sul Monticello (a 2550 metri). Così la lotta si trasportò sul ghiaccio (in cui sono scavate le trincee) sul quale sono trasportate, a tremila metri, le batterie. Lotta che da nessuna delle due parti vuol essere per ora di avanzata, ma soltanto di preparazione. La guerra di montagna è guerra per la conquista delle cime: chi è più in alto ha la ragione.

E noi in parecchi punti siamo riusciti a essere i più alti. Nella zona del Tonale, a sud dell'alto Noce, il 7 di agosto " i nostri reparti alpini – cito dal comunicato ufficiale – arditamente avanzando lungo la cresta rocciosa che si erge da mezzodì su valle del Monte, sorpresero e dispersero truppe nemiche trincerate a sud-est di Punta Ercavallo ". Intanto le artiglierie cacciavano altri reparti nemici da una posizione a nord-est della stessa punta. Le nostre artiglierie erano sulle rocce di Ercavallo, a più di tremila metri. L'operazione ci dette una posizione eccellente, in quanto da questa si può batter d'infilata la valle del Noce. Fu un nuovo passaggio apertoci nel Trentino. [1]

---

[1] Dopo l'invio di questa corrispondenza i bollettini segnalarono le seguenti altre operazioni nella zona di cui ci occupiamo: – la notte sul 16 un nostro reparto, uscendo dalla capanna Milano in val Zebrù, divisi in cordate traversarono il Passo dei Camosci e la vedretta di Campo e occuparono sal-

I soldati (molti di essi erano volontari di Valtellina e Valcamonica) che raccontavano, in un paese della Valfurva, qualche particolare sull' episodio del Vioz, mi dettero l'impressione che delle più caratteristiche di queste azioni sporadiche si venga nutrendo straordinariamente il fervore che la disciplina dell' attesa lunga non basta a contenere. Nutrono l'attesa e dei soldati e degli stessi montanari e valligiani del luogo.

Ebbi da questi ultimi la narrazione orgogliosa, come d'un'impresa loro, della distruzione compiuta dai nostri di un celebre albergo austriaco da cui emanò sempre un odore piuttosto militare che turistico.

Ma poichè i bollettini non ne hanno mai fatto cenno, forse perchè è apparso che l'episodio, sebbene lusinghiero per noi, non avesse grande portata strategica, non mi ci soffermo di più.

□ □ □

Volendo e potendo soffermarsi sugli episodi, ce ne sarebbero in quantità; ma creda il lettore – se mai dall'odierno avvicinamento della stampa alla guerra combattuta si aspettasse una fresca messe di aneddoti eroici – creda il lettore che l'aneddoto singolo, l'epi-

---

damente la cima mediana del Madatsch (a 3500 metri circa), donde si domina e si minaccia la via dello Stelvio verso Trafoi. Il 21 di agosto c'impadronimmo della testata di Val Strino, tra val Vermiglio e Val Noce, sul versante sudovest del Monte Redival. Il 25 conquistammo le posizioni austriache al passo di Lago Scuro e di Corno Bedole: con questa, e con un'azione del 7 di settembre contro il refugio Mandrone, ebbimo il dominio della testata di val Genova da cui si scende in val Rendena e quindi in val Giudicaria. Tale azione si collega quindi con quelle di val Giudicaria e di val Daone, di cui si parla più avanti. Il 16 settembre arrivammo alle pendici del Redival, alla testata della Val di Strino. E il 25 una nostra colonna alpina trasportava un cannone su di un ghiacciaio a 3251 metri a sud della Königs Spitze, presso la Sulden Spitze, assicurando così il dominio della valle di Trafoi. S'intende che un po'dappertutto sono segnalati ogni tanto tentativi d'attacco alle nostre posizioni, tutti sventati.

sodietto staccato e ben conchiuso, se contribuirono da principio a darci un'idea chiara del valore e dell'energia personale – straordinarissima – dei nostri soldati, nulla valgono all'intelligenza della guerra nel suo complesso e nel suo svolgimento, nel suo organismo e nella sua dinamica: anzi distraggono, smembrano, frammentano. La guerra, la nostra guerra presente sopra tutte, non è un accumulamento, un sèguito, una somma di episodi, così appunto come un corpo vivo non è una somma di membra; e una guerra è un organismo vivo, e come ogni cosa che vive è un'idea che si attua, un pensiero che s'incarna nell'azione. E l'idea è unica, l'azione è unica: anzi idea e azione non sono scindibili se non per uno sforzo di astrazione che è necessario ma non corrisponde alla verità, costituiscono pur esse un indivisibile unico, anche se si raccontano a giornate, a momenti, secondo limitazioni di tempo e di spazio necessarie alle limitazioni delle facoltà umane. L'anatomia si fa sui cadaveri. Invece lo sforzo dell'uomo dev'essere appunto di superare al possibile la limitazione delle proprie facoltà fisiche, di costringersi a vedere nella storia non il fatto il momento la materia, ma la linea la vita l'anima; e noi nel caso nostro particolare dobbiamo sforzarci a contemplare e penetrare la nostra guerra presente sotto la specie della storia, che non muore. Non vogliamo abbandonarci alla curiosità della contingenza, sia pure eroica: tentiamo di accostarci all'anima immortale della guerra che è tutta la vita nostra dell'oggi e del domani.

□ □ □

Come certe congiunture suscitano rapidamente gli affetti! Salutiamo i soldati dello Stelvio e di Valfurva, ove abbiamo passato poche ore, con la malinconia con cui si salutano amici assai cari, separandoci per vie diverse che probabilmente non s'incontreranno mai più.

Abbandono l'alta valle che s'immalinconisce delle prime piogge e dei primi freddi montani: i miei amici che restano non si accorgono ancora del freddo, tale è la fonte di calore che arde nei loro petti. Forse se ne avvedranno solo quand'esso li costringerà a una inazione anche maggiore.

Perchè presto, a superare i brevi duelli delle pattuglie che si sorvegliano dai picchi dalle conche e dai pendii, calerà ironica silenziosa e crudele la neve.

Ridiscendendo a valle, il chiarore mal certo del primo crepuscolo ci permette di cogliere tra la pioggia rada i colori e le forme in cui si snoda la strada e in cui s'inquadrano i piccoli villaggi solidi e grigi.

Vorrei percorrerla sempre di notte, questa strada silenziosa, per non vedere sulle case esterne dei paesi, sui muri di cinta e persino sulle rocce più in vista, le maledette scritte in tedesco che indicavano fino a poco tempo fa il migliore albergo o il più famoso luogo di villeggiatura o di cura agli insospettati nemici della nostra e di tutte le genti civili.

Le scritte mi perseguitano con un fastidio crescente. Qualcuna è stata cancellata, le più sono rimaste, e non perchè qui non si odii abbastanza il tedesco, e molto meno perchè si creda ch'egli un giorno possa ritornare, ospite ingombrante mal pagante e corruttore, in questo paese che non ebbe mai bisogno di lui. Tutt'altro. Ma si lasciano per una certa indifferenza alle manifestazioni esteriori, che ho riscontrato in tutti i paesi che si trovano assai vicini alla guerra.

È naturalissimo. Questi paesi combattono anche nella loro vita civile la guerra, assai più sensibilmente delle città lontane. Qui ognuno ha, a ogni giorno, a ogni ora, l'opportunità di prestar mano a un'òpera di preparazione militare, di aiutare un soldato, di sacrificare materialmente un poco di sè e delle cose proprie. Che importa se un nome tedesco nereggia sopra una roccia dura e bruta come il nome e come chi lo portava?

L'impassibile montanaro passa oltre. Se glielo fate osservare fa un mesto sorriso e una spallata. Ma se insistendo gli domandate:

— E se i tedeschi torneranno qui?

— *I mazzum tucc!* (li ammazziamo tutti!) — vi risponde.

□ □ □

La frase, risentita ieri, m'ha fatto ricordare l'impressione di ostinata e laconica solidità che i valtellinesi m'avevan dato circa tre mesi sono, quand'ero venuto qui a principio della guerra. Si aspettava da un giorno all'altro la mobilitazione. Avevo lasciato a Sondrio l'ultima dimostrazione patriottica. Poi, venendo su per Tirano a Bormio, spingendomi in qualche punta verso l'Aprica e verso Livigno, tendendo l'occhio e l'orecchio al Tonale e allo Stelvio, correndo quanto mi è stato possibile in qua e in là questa Valtellina, bellissima di verde e di rocce, immagine magnifica della forza concentrata, silenziosa e incrollabile, avevo provato sulle prime un senso di maraviglia, quasi di isolamento. Apparivano sui muri dei paesi i manifesti della mobilitazione; e a me, reduce dalle dimostrazioni espansive della pianura, pareva di sentire l'eco degli applausi enormi con cui la penisola li ha salutati; ma una eco appunto, confusa e lontana come il suono indistinto che si sente dal sommo delle montagne, che par giungere di là da una zona di silenzio, pare fatto d'infinità e di lontananza, di un altro mondo, di un'altra vita. Così a me passando allora per questi paesi, e vedendo i contadini quando si fermavano a leggere i manifesti, senza gridi, senza commenti, senza affollamento. Quasi me n'ero sgomentato.

Mi bastò parlare con qualcuno di quei contadini silenziosi – con qualche vecchio, con qualche donna – per capirli.

Io credo che in tutta questa valle non ci sia un solo uomo, una sola madre, una sola fidanzata, un solo vecchio, che abbia paura della guerra, nè per sè, nè per i suoi che vanno a combatterla. (Tranne coloro, s'intende, che per ragioni ovvie furono subito invitati a sgombrare, e non furono pochi). La seguono tutti, la guerra, uno per uno, con un fervore contenuto e saldo, e senza impazienza. Noi cittadini siamo abituati a vedere nella impazienza il segno e l'espressione dell'ardòre. Stando qui poche ore, ci accorgiamo che il nostro scalpitare continuo di cavalli imbrigliati è un'inferiorità.

Qui hanno un'affermazione sola: " mazzà i tudesch ": ammazzare i tedeschi. E la dicono con calma, come un bisogno e un proposito ben maturi e ben saldi nelle loro anime incrollabili. Un bisogno e un proposito quasi personali. Non hanno bisogno di riferirsi all'esercito quando parlano della guerra imminente. Si sentono tutt'una cosa con i soldati: parlano in prima persona. Nessuna popolazione come questa mi ha dato il senso dell'unità perfetta tra la patria e i suoi difensori.

E per giungere a questo non hanno avuto bisogno di propaganda, di letture, di persuasione di sorta. C'erano arrivati subito, allo scoppio della guerra europea. A mezzo agosto alcuni contadini s'erano presentati al deputato del luogo annunciandogli il loro desiderio di costituire un corpo di volontari per la guerra all'Austria. Si erano già raccolti circa in settanta. A mezzo agosto 1914, notate; quando appena il nostro governo aveva dichiarata la neutralità, e noi si cominciava a disputare se dovesse essere assoluta o relativa, vigile o addormentata, risoluta o brachicalante, ecc. ecc. Quei valtellinesi ne avevano immediatamente intuìto il valore. Li guidava un vecchio di settant'anni, cui l'onorevole domandò.... se si sentisse atto alle armi. Il vecchio rispose: " de mazzà un tudesch so'amò bon ": di ammazzare un tedesco sono ancora capace.

E ne sono capaci davvero, tutti. Se in Valtellina non ci fossero i soldati, credo che i valtellinesi saprebbero difendere fino all'ultimo la loro terra, come difesero il passo dello Stelvio nel '48· Ma quanti ce ne sono, di soldati, per tutta la profonda retrovia di val d'Adda, fino all'Aprica ! Ho avuto accoglienza ospitale tra gli ufficiali di un battaglione di alpini, in un paesino roccioso, in una stanza foderata d'abete; sotto le finestre la banda musicale degli alpini sonava fanfare gioiose, per la strada sfilavano le salmerie. Ho parlato con i soldati. Nello sguardo di questi la saldezza fredda dell'alpigiano s'accende a tratti di lampi d'entusiasmo, nei quali mi s'illumina con sicurezza profetica la vittoria del domani. Specialmente quando un ufficiale rivolge loro una parola densa di promesse e di affetto, un: " Ragazzi, ci siamo! " per esempio. Molti conoscono il fuoco: hanno fatto la campagna libica. Ci sono dei valtellinesi, dei bergamaschi delle alte valli, degli alpini del distretto di Aquila: una composizione sapiente, varia, solida: un'immagine concentrata della forza molteplice e una d'Italia. Parlano del fuoco e della morte con una semplicità che strappa le lacrime. Adorano gli ufficiali. A una cosa sola si mostrano restii: a essere impiegati nei servizi di rifornimento. Vorrebbero essere mandati avanti, tutti, subito.

□ □ □

Sono giunto di notte ad Aprica, dove dalla Valtellina si passa in Valcamonica: ivi ho veduto il primo duello di artiglieria.

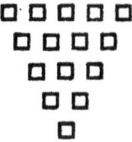

Un duello di artiglieria

Un duello di artiglieria

Edolo, 18 agosto.

UN inferno di fumo, di scoppi, di rombi; nugoli spessi spaccati da lame di fiamma e squarciati di grida; lacerti di terra ferita che balzano al cielo e si mescolano alle urla degli uomini; e soprattutto granate che esplodono; granate senza fine, che piovono e scoppiano un po' dappertutto, sul suolo, a mezz'aria, nel cielo: e cielo e terra ingombri di spasimi, di fragore infernale che assorda e acceca e sbigottisce i paesi e la campagna per molte e molte miglia all'intorno....

Il buon lettore può darsi che immagini così, presso a poco, una battaglia di artiglieria.

Io n'ero a pochi chilometri. L'impressione che me n'è rimasta non è affatto infernale. È di silenzio, di solennità, di calma.

Una lunga ed erta salita su per una strada interminabile scavata miracolosamente dai soldati in una terra durissima, attraverso il pendio della più tortuosa e accidentata costa di monte che possa immaginarsi, mi porta a una specie di altopiano erboso, dal cui ciglione si domina un incrocio di vallate.

UN DUELLO DI ARTIGLIERIA

In fondo l'orizzonte s'ingombra di alte montagne brune, macchiate di bianco nelle conche ove la neve non sgela: tra quei monti neri in faccia a noi si scavano e s'internano, più nere ancora, le valli che li dividono, e alle loro radici scherza il sole sugli ultimi prati; le cime si sfanno in nubi e pennelleggiano il cielo di grigio fosco. Tutto questo fasciato di brezze e di silenzio.

— È molto bello.... —

Poi, timidamente:

— Scusi, dove è la guerra? —

Il militare, con un sorriso:

— Lo ha sentito il cannone? —

Il borghese, stupefatto:

— No.

— Stia attento. —

Tendo l'orecchio in mezzo al silenzio profondo che a me pare debba durare in quel luogo da secoli innumerevoli, tendo l'orecchio come se volessi cogliere la voce dell'erba che spunta o il ronzio di un insettino in fondo alla valle.

— Sente? —

Ho sentito. Un suono lungo, lento e grave: comincia come un ululo, e si fa rombo, e muore in una eco. È lungo, lento e grave, pieno di dignità: quando n'è finita l'eco nell'aria rimane l'eco nell'anima, che si trova d'un tratto come abbassata di tono, come premuta sotto un'onda di malinconia.

— È questo? —

E aspetto. E dopo un tempo, che mi sembra eterno, un altro rombo più intenso mi arriva di là, dall'oriente cumulato di monti e di nubi, e un altro ancora, più di lontano.

□ □ □

Ora che ho imparato a sentire, voglio imparare a vedere. Risalgo lentamente con lo sguardo da quei prati bassi dove il sole continua più vivaci i giuochi gialli sulle erbe, via per le coste che si imbrullano. Tento di fendere l'incavo che si apre nei monti, nello sfondo; giungo al breve spazio tra le due cime più alte e più forti. Lassù, le nuvole che sfioccavano dalle rocce si vanno rimescolando, diradando, levandosi in fumi chiari e sperdendosi nell'aria. Ora la cima di sinistra appare più libera e quasi nuda, di un turchino nerissimo: e in quella riesco a isolare un blocco più buio, ed ecco da quel blocco balzano fuori irresistibilmente uno sbuffo chiaro e una vampa gialla che se ne stacca e lancia via da sè, più avanti, una vampa più piccola, più rossa....

— La granata che scoppia.... —

E parecchi secondi più tardi m'arriva l'ululo che si fa rombo e muore in eco solennemente, e su tutta la scena tornano a distendersi lo stupore nostalgico e il silenzio infinito dei monti.

□ □ □

Rombi e vampe da una parte e dall'altra, a cinque o sei minuti di pausa: tale è un duello di artiglieria visto a dodici chilometri di distanza.

Ai quali l'occhio si abitua in breve, e già s'accorge che quel gregge giallo, là in margine al costone più basso, è un attendamento; e da quello vedo chiaramente salire per l'erta la forma nera e rapida delle formiche umane: ma solo ora, mentre vengo ricordando gli aspetti e le forme che di quella scena semplice mi sono rimaste negli occhi, mi assale improvvisa la coscienza che quelle formiche creavano i rombi e le vampe e salivano ove ognuno di quei fenomeni gravi e solenni si traduce in morte e strazio di membra umane e in dolore e ardore e torture eroiche del corpo e dell'animo. Solo ora me n'avvedo; e quasi ne dubito, perchè non so ripensare a quel luogo, a quegli istanti, a quello spettacolo, senza riprovare la sensazione di solennità e di gravità triste che vinceva e assorbiva in me ogni altra sensazione, ogni riflessione, ogni coscienza.

□ □ □

Un'ora di quello spettacolo, spettacolo novissimo, tanto semplice che comincia col sembrare insignificante e finisce con l'essere strano, fa perdere il senso della realtà e il ricordo della vita.

Me ne scuote un'ondata di gelo che mi ha invaso per tutte le membra. Chi si era accorto che il cielo era venuto abbuiandosi, che lo sforzo degli occhi aveva dovuto esasperarsi per continuare a distinguere le due vampe tra le due nubi ridiscese, che era cominciato a piovere?

Ma non importa la pioggia. Moviamoci per sgombrare il corpo dal gelo e l'anima dallo stupore malinconico. Pure, ci sa male ritirarci di qua, ora che abbiamo trovato un'immagine reale della guerra. Camminando nel pianoro, ineguale sotto la pioggia già diradata, arriviamo a un'altra parte del ciglione, ove una serie di leggieri rialzi verdi ci sembra un buon posto per osservare un·altro versante della vallata.

Ed ecco, accostandoci, ci sorprende scorgere nella parte interna d'uno di quei rialzi un foro, come fosse la buca di una grotta: e da più presso ancora è una grotta davvero, imboccata da un breve

spiano in declivio. Vi scendo: c'è dentro un pezzo di artiglieria da
montagna, pronto! L'accompagnatore sorride della mia maraviglia
e fa togliere il pezzo di là. È l'opera d'un batter di ciglio: il pezzo
sale la breve china, fa una mezza volta, è già sulla spianata esteriore
del ciglione, con la bocca alla vallata, pronto alla difesa e alla minaccia.

E alla radice della spianata, al principio, una profonda trincea.
Percorrendola veniamo a un'altra grotta come la prima: di là dà
quella la trincea continua; e un'altra, e un'altra ancora.

Tutto il bel ciglione verde, ingenuo, rugiadoso, è un magnifico appostamento di artiglieria che in pochi minuti può marginare tutta la
posizione di un orlo di vampe e di rombi, può portare laggiù, se il
nemico ci si presentasse, il tumulto infernale e lo strazio che non
abbiamo ancora incontrati nel nostro placido viaggio.

Perchè, sebbene abbiamo assistito a un duello di artiglieria e
i monti che lampeggiavano fossero il Tonale e il Monticello, noi abbiamo camminato ancora molto in margine alla guerra, molto in qua
dal suo cuore di fuoco e di sangue.

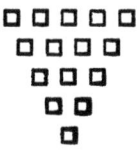

Terra redenta

Terra redenta

Lodrone, 21 Agosto.

PER la prima volta poniamo il piede sull'antico confine. Ho viaggiato per un giorno in terra redenta.

□ □ □

Su dal lago d'Idro si rivolge verso nord val Giudicaria, in cui scorre il Chiese, parallelamente alla valle dell'Adige, o Lagarina: le due grandi vie di comunicazione, cioè di possibile invasione, che il possesso del Trentino offriva all'Austria verso l'Italia. Val Giudicaria continua verso nordovest con val Daone che la ricollega alla regione dell'Adamello, verso est con val di Ledro che conduce al Garda.

Costeggiando il lago d'Idro, passiamo sotto la vecchia e teatrale fortezza d'Anfo; finito il lago, ove il Chiese vi sbocca, attraversiamo l'antico confine.

L'antico confine qui è un ponte sopra un torrentaccio. Di qua era regno d'Italia, di là era impero d'Austria. Ora di qua e di là è tutta Italia. È semplice. Parve semplice anche a Cadorna, quando un giorno, che era il secondo della guerra, disse alla nazione: " Le nostre truppe occuparono i seguenti punti: Forcella di Montozzo, Tonale, Ponte Caffaro in Val Giudicaria.... " e così via una sfilata di otto o nove nomi, senza una parola di più. A noi cercare sulle carte quei nomi, cercare nella nostra immaginazione il valore attivo di quel fatto semplice: – le nostre truppe occuparono....

Non per questo luogo abbiamo cercato dei nomi sulle carte. Sono i nomi più famosi e più dolorosi della storia popolare d'Italia, la storia garibaldina. In questi luoghi la nostra impresa d'oggi si riallaccia più sensibilmente all'opera interrotta or è mezzo secolo. Poco prima di raggiungere il ponte, abbiamo salutato con un tremore indicibile un piccolo ossario che da una rientratura del monte s'affaccia come un monito e domina, da sinistra, la strada: l'ossario di Monte Suello.

E non qui l'immaginazione ha bisogno di sforzi per figurarsi l'azione: o meglio, ogni sforzo è inutile, perchè un'avanzata fatta di discese precipitose giù per queste chine, di ascensioni asprissime su per queste cime, di penetrazione temeraria dentro il fogliame fitto che protegge ogni agguato alle radici dei monti, un'avanzata di questo genere appare tanto più prodigiosa e inimaginabile quando vediamo con gli occhi quale suolo corrisponda alle impassibili designazioni dei comunicati di cui ci siamo nutriti fino ad oggi.

Mentre gli alpini precipitavano, ascendevano, penetravano, i bersaglieri prendevano d'impeto il ponte e avanti divoravano la strada e riconquistavano i paesi attoniti. Sul primo di quei paesi, Lodrone, c'è una grande, accurata iscrizione grafita sul muro: *Regno d'Italia;* e intorno intorno un bel fregio ancora pieno della soddisfazione con cui un soldato deve averlo disegnato due mesi sono. Poco più là, dall'altra parte, un'altra iscrizione, più vecchia, è rimasta intatta, memoria dell'antico regime. Suppongo che i conquistatori ve l'abbiano lasciata con un'intenzione ironica, perchè la scritta ammonisce:

Multa di cinquanta corone ai veicoli
che avanzano troppo rapidamente.

L'esercito italiano è in multa.

❑ ❑ ❑

I comunicati del Comando supremo accennarono ancora, il 27 di maggio, a questi luoghi, annunciando estesa l'occupazione del terreno verso nord e nel tratto tra l'Idro e il Garda; il 30 specificarono l'occupazione di Cima Spessa, che domina la val d'Ampola, comunicante con valle di Ledro; finalmente, il 2 giugno, annunziaron l'occupazione di Storo e di Condino e il collegamento di queste truppe, su per valle Daone, con i reparti alpini scesi sul Chiese dall'Adamello. Ma non basta avanzare. La conquista, arrivata direttamente ad un

punto, si ferma ivi per qualche tempo, ma durante questo si allarga, si consolida tutt'all'intorno. Una prima avanzata per un tratto del fronte è fatta come di punte che si spingono avanti penetrando saldamente nella carne viva del paese di conquista. Poi a poco a poco gli archi che collegavano quelle punte si stendono, si appianano, vengono a stringere più da presso e rafforzare ai fianchi quelle sentinelle; e così rendono possibile a queste un altro lancio in avanti. Intanto occorrono azioni parziali di difesa, difficili come conquiste generali. Il 27 di giugno con un'audace spedizione un piccolissimo reparto di alpini riuscì a spingersi nel Ponale e interrompervi l'impianto idroelettrico che serviva i grandi proiettori elettrici con cui gli austriaci potevano vigilare i nostri movimenti notturni. Tutto il luglio fu impiegato nel respingere i tentativi nemici frequentissimi contro Val Daone, che avrebbe aperto loro la strada al Tonale e alla Valcamonica, e interrotta la stretta unità da noi faticosamente ottenuta tra le truppe operanti dallo Stelvio all'Adamello, e quelle operanti in Val Giudicaria: si snidarono quelle contro Passo di Campo, Cima Boazzola, Malga Leno. Importantissima su tutte, l'occupazione di monte Lavanech e di Cima Pissòla ci dava, il 26 di luglio, il completo possesso delle alture del versante destro di Val Daone. [1]

Anche nella valle oltre l'Idro dunque, e nelle valli laterali verso il Garda, continua un'azione lenta di consolidamento, d'arrotondamento; sono costoni, cime, passaggi, che di giorno in giorno, a

---

[1] La felice operazione del Ponale fu ripetuta con altrettanto successo il 5 di settembre in Val di Concei (laterale a Val di Ledro): un nostro distaccamento si spinse su Lenzumo, a due chilometri circa da Bezzecca, e riuscì a distruggervi la centrale elettrica e una segheria. Il 13 nostri reparti in ricognizione attaccarono e respinsero forti nuclei in posizione presso Cimego in Val Giudicaria. La notte sul 21 scacciammo da monte Melino (allo sbocco di Val Daone in Val Giudicaria) il nemico che vi si stava rafforzando e ne demolimmo trinceramenti e reticolati, togliendogli così un luogo di osservazione sul tratto di val Chiese che va da Cimego a Condino. Tuttavia non lo abbiamo occupato ancora, perchè è battuto da Lardaro e dal Por.

pezzi, vengono strappati al nemico: sono opere d'offesa che si spostano, è la prima linea che tende a diventar retrovia. Ed è, anche, dietro questa, il paese di confine che ricompone la propria fisionomia

a paese d'interno, la città dominata che impara a respirare da città libera, il villaggio desolato e vuotato dalla guerra che viene ripopolandosi e riprendendo la propria vita di lavoro.

◻ ◻ ◻

Com'è triste un villaggio vuotato dalla guerra! Non al primo aspetto, che anzi è lietissimo. Le case più grandi sono piene di soldati: e qui non è il soldato impaziente che abbiamo visto nelle retrovie di Valtellina, immalinconito dall'attesa del fuoco. Qui i soldati sono quasi nel vivo della guerra; l'azione maggiore può attenderli da un momento all'altro, e intanto le azioni minori sono frequenti e le mani non stanno mai troppi giorni inoperose. Perciò questi soldati sono allegrissimi, e il loro moto per la piazza e nella via maggiore del paese e su e giù per le scale delle case ridotte a caserma, è rumoroso e pieno di canti e di ragazzate gioconde.

Ma nelle strade minori stringe l'animo un gelo di morte. Quasi tutte le case sono aperte, le imposte e le porte a metà divelte. Su per le scale sudice son rimaste le miserabili tracce della fuga precipitosa. Nelle stanze qualche resto di masserizia, qualche vestito cencioso, qualche suppellettile, si trascinano penosamente lungo i muri brulicanti di ragni stupefatti.

A monte di Condino è un vecchio convento, nelle stesse condizioni, ma grande, arioso, aperto a panorami accidentati e verdissimi. Anche qui la stessa desolazione, e in più molta paglia, un po' dappertutto, chè i soldati austriaci dovettero rimanervi acquartierati qualche tempo prima di ritirarsi. Ma non c'è il senso della vita familiare messa in fuga, e le madie zoppe e le sedie spagliate su cui si mescolano in orgia pezzi di bottiglie, gabbie per canarini e manuali di Filotea, fanno piuttosto ridere che piangere. Il sentimento è forse colpevole, ma me ne confesso candidamente. Salito per scale a pioli al solaio del convento, scopro un cimelio prezioso: una vecchia giubba azzurra di soldato austriaco. La prendo con molta cautela servendomi di un bastone, m'affaccio alla finestra di un abbaino, e di lassù la butto a un bersagliere che dalla strada sta a guardarmi, un po' scandalizzato dalla mia invadente curiosità: ma l'accoglie in gran gioia, e corre via a mostrarla ai compagni.

E mentre m'indugio un po' ancora, affacciato lassù a scrutare l'accavallamento dei monti, a cercar di capire, con le mie incerte cognizioni topografiche, quali di quelli sono ancora dell'Austria, ecco dall'ala destra mi giunge un suono ancora non noto e attraversa l'aria sopra il mio capo. È una specie di breve miagolio, e si tramuta subito in uno stridìo acuto e rabbioso, circolare, come un trapano che succhielli rapidissimo l'aria; poi un rombo, il rombo ormai familiare del cannone; poi un piccolo scoppio. Scruto attorno il cielo, le cime, la valle. Ma non mi accorgo di nulla. Vedo i soldati correre agli sbocchi del paese. Scendo e corro anch'io. Intanto s'è udito un altro miagolio, un altro rombo, un altro scoppio: Giù c'è un ufficiale che s'affanna a raccomandare ai soldati che non si facciano vedere.

— È il trecentocinque del forte Por che s'è accorto che laggiù (indica un ripiano a mezza costa), il nostro genio lavora, e cerca di disturbarlo. Ma non fatevi vedere. Dall'osservatorio vi possono vedere benissimo, e allora vi tirano una granata. A che scopo?

— Per vedere come scoppia — risponde un soldato. E gli altri ridono.

Intanto una terza granata trivella l'aria col suo miagolio rabbioso, poi una quarta; e di questa finalmente vedo l'effetto sulla costa indicata. Non si scorge cader nulla, ma tutt'a un tratto uno sbruffo di terra e di sassi rompe dal suolo, come per una mina: qualche arbusto sterpato ricade con la terra, e niente più. I lavori del genio sono alquanto lontani di là, e i soldati al primo miagolio si ritirano dietro un riparo, ch'è il primo rapido lavoro che si prepara sempre avanti di accingersi a qualunque opera di quella specie.

I soldati del paese sono un po' delusi e per consolarsi mi fanno vedere, nel piazzale davanti alla chiesa, un buco tondo e largo lasciato da una granata, sorella di quelle d'oggi, un mese fa. Non l'hanno ricoperto, perchè è un ricordo e un'imagine che rinvigorisce il loro fervore. E l'episodio recente li rimanda al lavoro più alacri di prima: quei miagolii hanno la virtù eccitante che aveva nelle battaglie antiche il classico odor della polvere.

TERRA REDENTA

Uscendo dal paese ci fanno camminare in fila indiana, stretti a una siepe, assicurandoci che l'austriaco vedendo di lassù dei borghesi sarebbe molto contento di salutarli con uno *shrapnell*. Questo soddisfa molto la nostra vanità.

Così giungiamo ove si apre un grande campo. Il campo è seminato di soldati che, senza giubba, chini verso terra con le zappe, sembrano contadini. E tutt'attorno a loro c'è come una vasta piantagione bassa a filari....

Ci accorgiamo subito dell'errore. Sono linee di reticolati: aggrovigliati, aspri, puntuti, impervii: e lungo il margine del prato le bocche di lupo, ove l'uomo cadendo trova la punta ferrea che lo strazia; e i lacci giapponesi, ove l'uomo preso in trappola per il piede come una bestia, stramazza; e i mostruosi trabiccoli dei cavalli di Frisia: il filo di ferro duro, irsuto di punte mordenti, in tutte le sue applicazioni, per impedire, rallentare, deviare, mordere a sangue in tutti i modi il cammino di chi vuole avanzare. Contemplando spaurito tutta quella stesa di stratagemmi, più imagine di caccia che non di guerra, non penso agli austriaci che incapperanno qua dentro, perchè questi sono preparativi di pura precauzione e gli austriaci di qua non ripasseranno mai nei secoli, ma mi vien fatto di pensare che qualche cosa di simile è di là, dove i nostri avanzano; che qualcosa di simile era qua, dove i nostri hanno avanzato: e che pure hanno superato tutto questo, senza esitazione, rapidamente, con pochissime perdite, a forza d'impeto, di abilità e di audacia. È un pensiero di raccapriccio, che subito si trasmuta in una ammirazione profonda e in una fede sicura ed enorme nel domani.

Dietro le file dei reticolati, quelle delle trincee: trincee in cemento armato, lunghi corridoi, larghi, comodi, nitidi: hanno qualche cosa di conventuale nella linea e nel colore, e insieme di casalingo. Ad ognuna si entra per parecchi usci di legno bianco, dalle imposte ben commesse. Su qualcuno degli usci un soldato ha scritto il proprio nome. Non ci manca che il campanello e la buca per le lettere.

Leggo su di un uscio, in un bel neretto tipografico:

Prima di entrare si pregano gli austriaci di farsi annunziàre.

Un altro soldato vi ha aggiunto sotto, col carbone, un avvertimento, così:

(Visite brevi).

Arrampicandomi dal basso su per la costa e penetrando nel monte oltre Storo, su per val d'Ampola e valle di Ledro, verso Bezzecca, passo dalla visione modernissima delle trincee murate a quella tradizionale dell'attendamento. Vaste distese di tende coniche sul declivio dolce degli incavi del monte; ranci che stanno cocendo nelle pentole nere, sui fuochi enormi, al riparo di rocce annerite dal fumo; un rigagnolo largo e chiaro margina l'accampamento e i soldati vi scendono a lavar le stoviglie; sfondo di rupi dense di cespugli, file di salici lungo il rigagnolo. Potrebb'essere nell' " Orlando Furioso ".

Tutt'a un tratto tra i soldati che formicolano in mezzo alle tende, si vede un gran movimento: si raggruppano a sciami, corrono tutti verso il rigagnolo, lo attraversano, ne risalgono il margine, s'arrampicano fino alla strada... per veder passare il Re d'Italia.

Perchè il Re d'Italia è passato di qui stamattina. Si ha l'impressione che passi ogni mattina, dappertutto. Chiunque per qualsiasi ragione è stato anche un giorno solo ad un punto qualunque del fronte, specialmente se avanzato ed esposto, ha incontrato il Re, che passava. Non passava soltanto: si tratteneva a vedere minutamente ogni opera, ogni posizione: si spingeva nei luoghi più scoperti, per rendersi conto dei pericoli e delle difese; si prodigava ai soldati. Nessuno, di tante e tante migliaia di soldati, va al fuoco senza aver visto il Re, senz'aver sentito la sua parola.

Il Re passa. Un sorriso di saluto illumina i suoi occhi penetranti e tutto il suo volto brunito dalla guerra, dimagrato dal fervore. E il soldato italiano, anima eterna di ribelle sol perchè teme la disuguaglianza e l'orgogliosa superbia, il soldato italiano, poi che ha visto un istante il Re esporsi al suo fianco e sorridergli, va volentieri incontro alla morte, e al disagio che è più terribile della morte.

Per questo si vincono i reticolati più irti, le trincee più solide e le montagne più impervie.

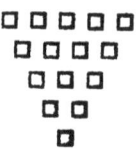

La via di Trento

La via di Trento

Ala, 23 agosto.

OGNUNA delle grandi e fonde retrovie che stiamo visitando, lunghi e complessi meandri di avvallamenti e di alture, ha un suo carattere e un suo colore e una sua voce specialissimi, quali sono imposti ad essa dalla natura dei luoghi e dal modo di guerra che fino a oggi l'ha fronteggiata. In Valtellina e in Valcamonica i silenzi vasti dell'alta montagna non paion vinti neppure dal calpestìo infinito delle file di salmerie che rigano ogni viottolo, e le sfilate dei soldati mantengono quel carattere di malinconia taciturna e intimamente inquieta che è caratteristica degli abitatori dei monti. Invece nelle valli del Trentino meridionale, specialmente in Val Giudicaria, c'è più sole: suona di vetta in vetta più frequente il cannone, mentre tuttavia la curiosità del viandante è attratta specialmente al suolo su cui fioriscono e s'intricano continui gli agguati della difesa. Ivi il soldato e l'ufficiale paiono più giocondi e la loro fede nel domani si colora di un entusiasmo più rumoroso. Sentite ancora lo slancio del balzo improvviso onde qui si son portati più innanzi che sugli altri punti del confine. Nelle valli laterali del Veronese l'attenzione si porta specialmente verso l'alto, ai formidabili rafforzamenti delle cime. Guardano alle cime sempre i soldati di là, anche dal fondo delle trincee più in basso. Ripensato poi nel suo assieme l'aspetto militare delle tre vaste retrovie è di sicurezza, di permanenza, di incrollabilità.

Non mi è possibile giustificare con particolari di fatto, che la illustrerebbero perfettamente, una mia chiarissima impressione: ed è questa, che di·mano in mano che la linea avanza essa si fa confine destinato a non arretrar più, nemmeno per transitoria sventura di guerra, perchè immediatamente alle sue spalle qualche cosa viene di continuo solidificandosi, cristallizzandosi, integrandosi subito con la natura gigantesca e rude del suolo.

□ □ □

Qualche cosa di tutti questi caratteri insieme, e in più un aspetto suo particolarissimo, ha la linea centrale e fondamentale per cui si penetra nel cuore del Trentino, fino a Trento stessa, cioè la Val d'Adige, scavata profondamente tra pareti diritte e altissime di pietra nelle tragiche Chiuse, poi mano mano aperta su scenari più larghi, di linee più sobrie, solenne sempre anche dove è più verde.

È curioso e insieme ben naturale l'interesse e l'animo specialissimo con cui ci si accosta ai luoghi ch'ebbero maggior risalto nei bollettini ufficiali, sovrapponendo un'immagine viva sui nomi che – è pur da confessare – riuscivano nuovi e rimanevano vaghi alla comune ignoranza italiana della geografia nostra di questa regione.

Ma in questo tratto ne troviamo invece i nomi più noti, quelli che al nostro lungo desiderio sonaron sempre più significativi; e quando il quarto comunicato di guerra ci disse presa Ala, ci orientammo immediatamente, ci sentimmo uscire dalla strategia, ebbimo subito il senso geografico dell'avanzata nazionale. L'Adige era il fiume irredento per eccellenza. Rovereto e Trento: due nomi che riassunsero sempre alla nostra mente tutta la regione, in quanto essa doveva avere di più profondamente italiano. Anche ora e anche correndo le altre valli, le più meridionali, o le laterali della regione, in qualunque punto siamo, i soldati hanno da indicarci una cima o un costone a destra o a sinistra o di faccia, o almeno almeno una nuvola che in quel momento si sia alzata dall'orizzonte verso noi, e ci dicono con una specie di malizia: — sotto quello, vede? di là, un po'più in qua, c'è Trento. — Oppure si riferiscono a Rovereto. Anche senza conoscere il nome di Rosmini, Rovereto ha per loro un grande valore d'italianità.

È come un anticipo di Trento. Ci sono ancora nelle strade maestre tornate nostre le indicazioni chilometriche poste dal vecchio regime, e si riferiscono tutte a Rovereto e ciò le fa eloquentissime: a Rovereto km.... I puntolini rappresentano un numero piccolissimo. E molti di quei soldati, credo, a Rovereto si sono avvicinati molto, alla spicciolata, in pochi, per ordini o per iniziative individuali, per ragioni militari o per invincibile curiosità.

Ora, come Rovereto per Trento, così è un poco Ala per Rovereto: Ala che fu subito nostra, ma nostra del tutto solidamente per sempre, in quel primissimo slancio che ci creò di colpo un confine nuovo e sicuro, tale da permetterci di cominciare di là la guerra lenta e precisa, di penetrazione immediatamente seguìta da rafforzamenti, che è il capolavoro quotidiano del nostro esercito e del nostro comando.

Ricordate:

Il 24 maggio le nostre truppe prendendo ovunque l'offensiva occuparono i seguenti punti: Forcella di Montozzo, Tonale, Ponte Caffaro in Val Giudicaria, terreno a nord di Ferrara di Monte Baldo, Monte Corno, Monte Foppiano sul versante nord dei Lessini, Monte Pasubio, Monte Baffelan, alle testate delle valli Agno e Leogra, alti passi nella Val Brenta.

Era come una mano che avesse afferrata intera, intorno intorno, la preda viva e cominciasse a stringerla. Il giorno dopo:

Fu occupato anche il monte Altissimo di Monte Baldo.

Dall'Altissimo scendemmo subito giù verso Val d'Adige, e risalimmo il fondo della valle sino ad Ala. Infatti, due giorni dopo:

27 maggio - Truppe di fanteria rinforzate da guardie di finanza e da artiglieria, da Peri per le due rive dell'Adige avanzarono verso Ala. Espugnato il villaggio di Pilcante, coperto da più ordini di trincee, si impossessarono solidamente di Ala. Il combattimento durò da mezzogiorno a sera.

□ □ □

Ventisette maggio. E il nostro animo esulta quando, entrati in Ala, vediamo il nome di 27 maggio su di una delle vie principali. E un'altra si chiama via Umberto I, e un'altra via Vittorio Emanuele III. Ma la nostra commozione si fa dolorosa scorgendo, sulla piazza in cui quelle vie convergono, il nome: Piazza Antonio Cantore.

Ala è occupata solidamente. Quei quattro nomi sono la miglior garanzia della solidità della nostra occupazione.

Procedendo a ritroso dell'Adige su, verso Rovereto, vedremo prove più positive di questa solidità. Per ora abbandoniamoci al senso indefinibile di agio che ci avvolge entrando in Ala, rimanendovi, come ho voluto fare, un giorno e una notte, per sentirmi attorno un po' strettamente la vita della città.

Senso di agio, ho detto. Forse qualcuno si aspetterebbe piuttosto quello dell'entusiasmo. Non è così. Anzi, sulle prime, discorrendo con quegli italiani tornati alla patria, vi sorprende qualcosa che può sapere di indifferenza. Venuti dalle città lontane, dove si shandiera a ogni occasione, supponete che ogni trentino redento non debba far altro che parlarvi del grande avvenimento, vi aspettate da tutti il racconto del gran giorno – 27 maggio – e sfoghi contro l'antico regime ed effusioni di beatitudine per il nuovo, con valanghe di episodii.... Nulla di tutto questo. Bisogna interrogarli, per sentirsi dire le poche cose semplici e ormai ben note che vi possono dire intorno agli anni che precedettero e ai giorni che seguirono il 27 maggio del 1915. Poche parole, semplici, sintetiche, asciutte e timide insieme. Andate invano, qui, a caccia dell'aneddoto episodico: se ci tenete dovete immaginarlo da voi. Questo sulle prime, come dicevo,

sorprende e disorienta. Possibile che sia indifferenza? In tutti tutti?
Non è indifferenza. Non so spiegare con una parola sola che cosa
sia. Intanto è un poco di pudore del parlare d'una cosa molto sacra, che è stata loro a cuore per molti anni, che hanno raggiunto
quando quasi ne disperavano. È difficile che l'uomo ami parlarvi e
lasciarvi parlare di un grande e arduo amore che abbia finalmente
raggiunto il suo sogno. Solo gli amanti delusi si sfogano lunga-
mente.

Pudore, dunque. Ed è ancora pudore quello che impedisce ai
rinati di soffermarsi a ricordare un tempo che fu per essi – ve ne
accorgerete subito – di umiliazione più ancora che di sofferenza materiale.

E poi c'è anche qualche cosa di più. Un sentimento molto onesto
e spontaneo, che è piacevole e consolante riconoscere. Ed è, che ciò
che è avvenuto par loro naturalissimo. Sono sempre stati e si sono
sempre sentiti italiani così intensamente, così ingenuamente, che il
suggello politico alla loro italianità non ha per essi nulla di maraviglioso: è appunto quell'elemento che solo mancava al compiuto equilibrio delle loro condizioni esteriori di nazionalità, ma nell'intimo, nel-
l'animo, l'equilibrio era già raggiunto da un pezzo, non era stato
scosso mai. E sono i turbamenti dell'animo quelli che lasciano più
dura traccia e più lunga memoria e maggior desiderio di rinfrescare
e rivangare continuamente il passato anche dopo che è stato superato da un pezzo. Per queste ragioni – o per altre forse più sottili – Ala è tranquilla. Non è indifferente. Ama i soldati numerosis-
simi che la occupano e l'avvivano, accoglie con piacere i visitatori
che vengono dalle città più lontane e più antiche del regno. Questa
tranquillità del resto non impedisce le manifestazioni simpatiche, che

si rinnovano per esempio ogni sera quando in piazza Antonio Cantore suona la banda militare, eseguendo specialmente marce guerresche e inni patriottici. Degli inni patriottici il più popolare è anche qui quello di Mameli.

Questa stessa tranquillità serena v'impedisce di accorgervi subito del disagio che la condizione di Ala ha necessariamente lasciato tra gli abitanti. Per esempio, non vi avvedete subito dell'assenza di uomini. Tranne qualche giovane che combattendo in Galizia fu ferito, ed era qui a curarsi quando l'occupazione italiana lo raggiunse e lo liberò dall'obbligo doloroso, non ci sono qui, di maschi, che pochi vecchi e molti fanciulli. Ma in compenso ci sono tanti soldati e noi abbiamo talmente fatta l'abitudine in altre città – basterebbe Verona per citarne una – alla preponderanza dei militari, che non ci rendiamo conto dell'assenza di uomini del paese. Mi pare che anche le donne di Ala abbiano la stessa impressione.... Non sono tutte straordinariamente belle le donne di Ala. Ma hanno, specialmente le fanciulle, una grazia morbida di sguardi e di voce che mi ricordò subito con dolce sorpresa le loro sorelle di Zara. Sia la somiglianza di buon augurio per le zaratine e per la loro terra. Quando avrò aggiunto che ad Ala non ho trovato nessun segno superstite del regime austriaco, e segni ce ne dovevano essere ben pochi – forse soltanto le buche delle lettere e le insegne dei tabaccai che furono subito rinverniciate –, e che nella casa che mi ospitò la notte (gli alberghi son pieni) il mio sonno era vigilato dai ritratti di Carducci, di Garibaldi, di Cavallotti e di De Amicis – credo che il lettore potrà lasciarmi uscire da Ala, e che vorrebbe accompagnarmi fuori, più in là, più su a ritroso dell'Adige, il più vicino possibile a Rovereto.

LA VIA DI TRENTO

□ □ □

Perchè Ala servì da punto di partenza per estendere l'occupazione alla zona orientale della valle. Salimmo di qua, il 31 di maggio, la cima del Coni Zugna, che per Zugna Torta scende verso Nord su Rovereto, e che per il suo versante orientale domina la Vallarsa che a Rovereto si congiunge con la Val. d'Adige. Intanto nella via centrale della valle ci estendemmo e fortificammo fino oltre Serravalle, su entrambe le rive, a fronteggiare le fortificazioni straordinarie che il nemico s'è preparate sul Biaena.

Ma il lettore non è munito di salvacondotto e tutte queste zone sono straordinariamente vigilate. Per questa ragione non m'è possibile lasciarmi accompagnare troppo in là, nè riferirgli quello che ho visto. Immagini le opere di difesa più complete, complesse e sottili che quella specie di tecnica di brigantaggio che è sempre la guerra di montagna, congiunta alla necessità di ripieghi sempre più astuti portata dai mezzi offensivi moderni, possa aver suggerito all'esercito più geniale del mondo – il nostro –; e avrà forse un'idea delle opere di trinceramento e di appostamento che fiancheggiano l'Adige, sempre più in là, sempre più su, fino a un punto elevato donde, incuranti dell'osservatorio austriaco d'artiglieria che ci stava proprio di faccia vicinissimo, abbiamo potuto scorgere uno svolto di valle e lo scorcio di un'altura battuti dal sole come da un indice di speranza. Dietro quelli, immediatamente dietro, quasi visibile nelle sue prime case, sta Rovereto ed aspetta.

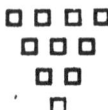

Giulietta e la guerra

Giulietta e la guerra

INTERMEZZO SENTIMENTALE

Verona, 25 agosto.

QUANTE Giuliette a Verona!

Hanno la frangetta sulla fronte, e quattordici anni, e un farsettino nero senza maniche sopra il giubbetto bianco. Così camminano per le vie di Teodorico e di Cangrande, zona di guerra.

Ma Giulietta non sa che è zona di guerra. Crede che tutti questi soldati siano venuti qua per veder lei. E anche quelli che son venuti per vedere i soldati. Non sa che è zona di guerra. Incontra Romeo, nelle strade di Teodorico e di Cangrande, e lo fa salire al suo balcone prima che la lodola canti fuori di tono e scambi gli occhi col rospo. Non sa che c'è la guerra. I reggimenti via via sono chiamati sul fronte. Ma Giulietta incontra ancora Romeo, e lo fa salire al balcone a sentir l'usignolo che canta dal melograno.

Di giorno cammina, coi passetti brevi e le calzine rade e la vestina corta. Guarda i soldati, e quelli che son venuti a vedere i soldati, senza bisogno di alzare i grandi occhi bruni; li guarda attraverso le ciglia, che sono due frange morbide e nere, lunghe come la fran-getta dei capelli sulla fronte. E guardando così, chiama Romeo. La notte le scolte di sulle torri non sorvegliano già l'arrivo degli aereo-plani dalle montagne del nord, ma vigilano l'amore di Giulietta, che s'è tolta il farsettino nero, e anche la camiciola bianca.

Giulietta prende il gelato sotto i portici.

Giulietta non legge i comunicati di Cadorna.

Giulietta non ha visto che nei foderi bruniti c'è la sciabola ar-rotata.

Giulietta non sa che Verona è zona di guerra.

□ □ □

Giulietta voleva che la portassi a Milano, e poi anche a Roma.

Ho trovato un pretesto; le ho detto:

— A Milano c'è la guerra. E anche a Roma. —

Ha sollevato la frangia lunga e morbida delle ciglia, e i suoi occhi hanno balenato ne' miei un nero sguardo di maraviglia.

— C'è la guerra?!

— A Milano c'è la guerra. Anche a Roma. In quelle città, Giu-lietta, le bande suonano delle marce militari. E anche le orchestrine dei caffè suonano tante marce militari e tanti inni patriottici. Al-lora la gente si leva in piedi, e applaude, e grida: " Viva la guerra! " Passa per la strada un soldato ferito e tutti gli corrono dietro per acclamarlo: il cameriere ti versa il gelato sulla sottana nuova per correre in fretta anche lui a gridare: " Viva l'esercito! " E quando torni a casa, che è sera, per aspettare Romeo, tutti per la strada ti urtano perchè stanno leggendo il giornale uscito allora con il comunicato di Cadorna. E se al teatro o al caffè non ti alzi in piedi al suono della Marcia Reale, ti insultano e ti gridano " spia ". Perchè tutti hanno negli occhi la guerra e non vedono che hai le ciglia lunghe e il gonnellino corto, le calze tanto bianche e gli occhi tanto neri, Giulietta. A Milano e a Roma c'è la guerra; non è il paese per te, Giulietta.

— Hai ragione. Ci andremo tra qualche giorno, quando là guerra sarà finita. Ora è meglio restare a Verona, dove non c'è la guerra. —

□ □ □

Allora le ho additato l'Arena, roggia nel sole, merlata al sommo di soldati che camminavano lenti sul ciglio facendo la scolta. E a Giulietta piacquero molto i soldati visti così camminare radi e lenti al sommo dell'anfiteatro rosso, nello sfondo sfolgorante del cielo. Li trovò più carini di quelli che camminavano in piazza.

L'ho condotta a visitare la tomba della Giulietta di Romeo Montecchio.

Per arrivarvi, dovemmo accettare la compagnia d'un soldato d'artiglieria che era di guardia all'entrata della Fiera dei cavalli. Egli ci fece attraversare immensi cortili tutti pieni di cavalli da guerra, di paglia, di soldati; intorno intorno gli edifici sono diventati una grande caserma, in un tetto c'è una toppa chiara di tegole fresche dove una bomba era caduta dal cielo a far guasto. In un angolo di tutto quell'apparato di guerra, si rannicchia la tomba di Giulietta antica.

Ora Giulietta nuova passò indifferente in mezzo ai cavalli, alla paglia, ai soldati, allo strame e al fragore di caserma; ma quando fu dentro, nell'angolo grigio e verde, così fuori del mondo, ov'è l'arca pudica degli amanti, pianse tutte le sue poche lacrime. Poi le ciglia nere ribevvero le lacrime di perla: Giulietta alzò il piccolo capo e lo scosse per ricomporre i capelli; corse alla parete a leggere i nomi che v'erano scritti; tuffò le piccole mani brune nell'arca scompigliando gli strati dei biglietti di visita anneriti e accartocciati, accumulati là dentro dall'ingenuità provinciale dei visitatori stranieri: compose in bell'ordine sopra lo strato i mazzolini e le ghirlande di fiori appassiti che s'erano mescolati ai biglietti; colse una foglia d'edera e se l'appuntò al petto: poi si fece raccontare la storia della Capuleta e del Montecchio.

— Dunque a Verona, allora, c'era la guerra? —

E siamo saliti in una carrozza, che molto lentamente cominciò a camminare sobbalzando sui ciottoli, a girare al largo intorno alla città; io additava, passando, a Giulietta le opere militari, i bastioni, i forti, i carrozzoni guidati da soldati, i camions carichi di munizioni, i grandi cavalli di forza che parevano esprimere guerra da ognuno dei muscoli tesi; e Giulietta si stringeva al mio braccio, e sentivo che il suo braccio pensava a quello di Giulietta antica prima di uscire sul balcone a mostrare a Romeo le strisce invidiose dell'aurora rosseggianti all'oriente.

Così arrivammo a San Zeno, ch'era il tramonto, e i marmi della facciata parevano fusi d'oro antico e d'avorio e di miele. Ma Giulietta, calando sugli occhi neri la cortina fitta delle ciglia, mi susurrò:

— Entriamo. Là non ci vedrà nessuno, e non mi parlerai di non so che guerra. —

Invece ci vide subito il custode della chiesa, e si mise ai nostri fianchi e cominciò a parlarci d'arte.

— Questi capitelli sono d'ordine corinzio. Il fonte battesimale, in un solo blocco di marmo, è dell'undicesimo secolo. Invece gli affreschi di destra sono del dodicesimo.

GIULIETTA E LA GUERRA

— E quelle di che secolo sono? — domandò Giulietta.

E additava due maravigliose chiazze gialle e purpuree che il sole occidente penetrando dritto dalle vetrate aveva scagliato sul marmo in cima all'altare di fondo. Il custode guardò Giulietta, e s'interruppe costernato.

□ □ □

Sul ponte di Castello Vecchio la salutai, lasciandole un ammonimento :

— Ricordati, amorosa Giulietta, che lassù, nei paesi del nord, Margherita fa le calze di lana per i soldati che faranno la guerra d'inverno. —

Giulietta rabbrividì, e rispose :

— Come dev'essere noioso un paese dove si fa la guerra, e anche d'inverno! —

□ □ □

Per sentire la guerra bisogna starne lontani, o andarvi molto da presso. Un giorno di dimora in Verona acquartierata mi ha fatto quasi dimenticare la guerra. Forse tra due giorni, in Vallarsa o in Val Sugana, la ritroveremo.

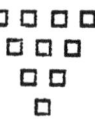

Tre valli

Tre valli

Fiera di Primiero, 30 agosto.

IMMAGINATE un'altura, che raggiunga circa i milleduecento metri, granitica, dal cocuzzolo tondeggiante in arco lentissimo, di modo che la vetta n'è quasi un largo ripiano circolare; e tutta di durissima roccia, con le pareti lisce a picco; e tutta calva e minacciosa. I punti scoscesi sono sostenuti da murature. Nel pianoro della sua vetta sono scavate ridotte per le polveri, profonde quaranta metri. E vi sono piattaforme magnifiche di cemento armato. La più moderna preparazione che possa desiderarsi per un forte di sbarramento.

Lo stavano preparando gli austriaci, ma prendendo il Pozzacchio di sorpresa li costringemmo a fuggire lasciando a mezzo la preparazione e tra le nostre mani una quantità di materiale utilissimo: quello che non poterono abbattere, rovinare, bruciare nel momento precipitoso della fuga. Bruciarono le caserme annesse al forte, ch'erano munite di termosifoni, di bagni, di condutture per l'acqua calda, di latrine igieniche: ora non se ne vedono che gli alti camini superstiti, roggi e bruciacchiati, miserevoli e soli contro l'orizzonte che s'allontana verso il nord. Distorsero una quantità enorme di travi, tubi, ordigni metallici d'ogni genere, perforatrici per la roccia, frantumatrici per il calcestruzzo, impastatrici, dinamo. Non poterono far saltare trecento quintali di gelatina esplosiva ch'erano nascosti nelle caverne, e che scoprimmo per un fortunatissimo caso: un soldato che inciampò in un filo elettrico che vi conduceva. E non poterono bruciare nè spezzare i pezzi ancora smontati delle cupole d'acciaio, che ora si pompeggiano ironiche nel loro scintillìo grigio sulla spianata ove i nostri soldati fanno la guardia alla valle.

È la Vallarsa: l'ho risalita su da Schio (che il Pasubio aveva illuminato provocante con grandi riflettori, ma fu preso subito al primo giorno di guerra) per Valle dei Signori, attraversando l'antico confine al Piano delle Fugazze. Così mi sono accostato da questa parte a Rovereto all'incirca di quanto me gli ero accostato da sudovest per val Lagarina. Giriamo attorno a Rovereto come un amante intorno a una donna desiderata. La donna è tutta cinta di un campo trincerato, che da questa parte comincia appunto allo sbocco di Vallarsa in val Lagarina.

Val Giudicaria, Val Lagarina, Vallarsa: convergono a Rovereto come tre frecce a un bersaglio. In tutte queste valli abbiamo avanzato enormemente: fino oltre Cimego nella Giudicaria, fino oltre Serravalle e Fortini lungo l'Adige, e qui in Vallarsa fino ad Albaredo. Tre soglie di Rovereto. Qui ci siamo fermati. Quando avremo preso il massiccio del Bondone, che domina Rovereto da nord, anche la città sarà nostra.

Occupando la Vallarsa, vi trovammo la fame, e vi portammo subito qualche agio. I primi giorni le cucine militari divisero il rancio

con gli abitanti; poi il commissariato provvide, in una località centrale della valle, un magazzino di tutti i generi alimentari, e procurò lavoro a una quantità di disoccupati occupandoli in preparativi di guerra.

La resistenza non era stata grande. Più che contro i soldati
austriaci dovemmo lottare contro i rinnegati, spie locali organizzate
dall'antico dominatore. È noto l'episodio del telefono scoperto sotto
l'altare della chiesa parrocchiale di Pozzacchio. La congiura si stringeva attorno al parroco. Parecchi dei paesi del territorio furono allora sgombrati, e la Vallarsa fu nostra. N'era appunto il tempo.
Oltre che il forte di Pozzacchio, ho visto a Valmorbia una chiara
prova della preparazione offensiva che l'Austria stava facendo contro
di noi: un sedicente asilo, fondato per donazione dell'imperatore,
era un magnifico modernissimo ospedale di primo soccorso. Ce ne
impadronimmo, e serve a noi, come il forte.

□ □ □

Da Albaredo giù per Pozzacchio declinando verso est, la nostra
linea presente disegna un breve cuneo che scende fino a Col Santo,
e di qui risale a raggiungere Valle del Terragnolo, di là dalla quale
tuonano gli altipiani di Folgaria,[1] di Lavarone, d'Asiago.

Essi, di là dalla Vallarsa e dai Sette Comuni, difendono i passaggi da Val d'Adige a Valsugana (la valle del Brenta, via austriaca

---

[1] Dagli ultimi d'agosto in poi furono compiute importanti occupazioni nella
zona a sud dell'altipiano di Folgaria. Il 31 agosto prendemmo il Monte Maronia
(e il 20 avevamo preso Monte Maggio), cominciando così a crearci una zona di
dominio su Val Terragnolo da cui potremo sostenere una futura avanzata su
Rovereto. A nord-ovest poi del Maronia espugnammo, con brillanti attacchi
del 17, 18 e 22 settembre, il Monte Coston, con manovra aggirante permessa
dall'occupazione di Osteria Fiorentini e Alpi Pra del Bertoldi.

d'invasione dal Trentino verso est), che si ricongiunge con quella a Trento. I passi tra Val d'Adige e Valsugana erano sbarrati da forti modernissimi : Luserna, Spitz Verle, Busa Verle, Belvedere. Ma occupato il Lavarone subito ai primi giorni di guerra, di là battemmo il Luserna, che il 31 di maggio tacque e alzò .bandiera bianca. Allora

il Belvedere, situato più indietro, subito lo bombardò per punirlo della resa. Poi lo stesso forte di Belvedere cominciò ad affievolire. Il 3 di giugno anche lo Spitz Verle taceva e il fuoco del Belvedere e del Busa Verle erano diventati debolissimi. E fin dal 29 avevamo demolito un'opera moderna sulla cima di Vézena (a est delle sorgenti del Brenta) e occupati la cima stessa e il villaggio sottostante, sulla strada del monte Cost'Alta.

Di tutta la Valsugana avemmo ragione abbastanza facilmente. Scalato di sorpresa, il giorno 24, il Salubio, le difese della valle, che si concentravano a Telve sopra Borgo, furono immediatamente eliminate. Preso similmente il Civaron potemmo fare un primo spostamento in avanti di tutta la linea verso Borgo, appoggiando la sinistra al Civaron stesso e la destra ai monti Cima e Cimon Rava già precedentemente occupati dalle truppe che fin dai primi giorni avevano occupato Pieve di Tesino e Castel Tesino. Così si giunse alla linea del torrente Maso, affluente di sinistra del Brenta. Un secondo spostamento avvenne il 25 agosto portandoci su di una nuova linea, che, appoggiata a monte Armentera e a monte Salubio, descriveva un arco, concavo verso ovest, intorno a Borgo. Da ultimo, appunto ier l'altro, espugnando Cima Cista, a dominio del Salubio, liberammo le nostre truppe che occupano questo monte dalle molestie del nemico; inoltre la nuova occupazione ci permetterà d'intensificare l'azione contro le posizioni che attorniano Borgo. Borgo per ora è rimasta città neutra, visitata tratto tratto da italiani e da austriaci, e non sempre alternatamente. Contro gli austriaci la possono difendere il Salubio e il Civaron, ma in faccia la bombarda il Panarotta, formidabile barriera, munita di forti corazzati con cinque cannoni in cupola da 152.[1] Fa parte dei migliori preparativi anti-italiani dell'Austria, come la maravigliosa, arditissima strada militare che da Strigno, seguendo una linea parallela a quella dell'antico confine, va a raggiungere la Valle del Cismon e Fiera di Primiero, congiungendo così due delle più ridenti regioni di villeggiatura che la guerra abbia disturbato in quella specie di grande albergo tra turistico e militare che l'Austria aveva fatto di tutto questo settore.

Raggiungendo appunto, da Valsugana, Val Cismon, a Pieve di Tesino ho avuto il piacere di stringere la mano all'ingegnere Demetrio Avanzo, già presidente della sezione locale della Lega Nazionale. Per merito suo la famigerata *Volksbund* non era riuscita a stabilire a Pieve una sezione, mentre v'era riuscita a Castel Tesino. Anche il parroco di Pieve, don Picoroaz, collaborò arditamente a impedire l'insediarsi della *Volksbund* nella sua cura. Poi sono passato per l'albergo

---

[1] Il Panarotta bombardò Borgo, già sgombro di popolazione civile e non occupato dai nostri, per puro vandalismo, più volte, specialmente il 31 d'agosto: come il giorno appresso tirò su Roncegno.

del Broccon, uno dei più caratteristici luoghi per chi volesse studiare quell'arte dello sfruttamento militare del turismo, o meglio del mascheramento turistico della preparazione offensiva, che è l'unica autentica invenzione della maledetta razza tedesca. A questo albergo, sovvenzionato dal governo austriaco, sopra un importante nodo stradale a mezza via tra Castel Tesino e Canale San Bovo, in mezzo a importanti posizioni già austriache, venivano ogni anno gli allievi della scuola di guerra a prepararsi all'invasione della nazione alleata.

□ □ □

Così siamo a Fiera di Primiero, il centro ridente della ridentissima valle del Cismon, che si sviluppa verso nord e congiunge le

regioni del fianco orientale del Trentino con quelle del Cadore.

A Fiera di Primiero prima dell'agosto del '14 c'erano quattrocento uomini e una sezione di mitragliatrici. Ma dopo lo scoppio della guerra europea v'era rimasto solo un capitano galiziano, Edoardo Velker, con duecento soldati di nuovo richiamo, quasi tutti di qui, anziani, più alcuni finanzieri e gendarmi.

Il giovedì avanti la nostra dichiarazione di guerra avevan fatto saltare il ponte di San Silvestro e due altri a Tonadico e avevan dato fuoco alle segherie di Tonadico. Il ponte non era caduto del tutto:

mandarono lo chauffeur del capitano Velker a vederne lo stato: egli ritornò con la notizia che s'avanzava un reggimento di Alpini. Allora il capitano telefonò a Predazzo (ov'era il comando di divisione della colonna Concini) con l'ordine di partire immediatamente. Verso le 7 pomeridiane del 23 tutti erano in chiesa, quando venne il telegramma annunziante la dichiarazione di guerra. Pioveva a torrenti. Velker parte in automobile e lascia la truppa in balia dei gendarmi e dei finanzieri. Arrivato a San Martino di Castrozza scende dall'automobile, vi appicca il fuoco, e parte per la via dei boschi.

La truppa partì a sua volta verso le 10: il paese, sotto la pioggia dirotta, era una confusione enorme. A San Martino i soldati austriaci dettero fuoco agli alberghi ch'eran vuoti: ce n'era per circa quindici milioni di solo valore degli stabili. Fiera di Primiero è rimasta sgombra totalmente di truppe.

Il 25 verso le tre pomeridiane arrivarono tre bersaglieri, ai quali il sindaco consegnò le chiavi della gendarmeria. Delle autorità civili non rimasero che quattro impiegati. Verso sera giunse un'altra ventina di bersaglieri e un alpino, i quali tutti ripartirono là sera stessa. Verso le due e mezzo del pomeriggio seguente viene da San Martino un gendarme austriaco con un militare; era la seconda festa di Pentecoste. La popolazione aveva levato dal paese tutte le aquile austriache e le insegne tedesche. Il gendarme, visto ciò, voleva trarre in arresto e portare a Tonadico il sindaco, ma questi rifiutò di muoversi. Allora il gendarme, tanto per far qualche cosa, portò a Tonadico un tenente della guardia civile che nel frattempo era tornato (e che più tardi, rilasciato da quelli, fu da noi internato). Intanto un cittadino era andato a chiamare i bersaglieri ch'erano nei dintorni: ne accorsero tre o quattro e in un'osteria di Tonadico arrestarono il gendarme e il militare e li portarono a Cereda, ov'era il comando. Il 27 da Cereda giunsero a Fiera di Primiero altre truppe, anch'esse in maggioranza di bersaglieri: la popolazione, come già aveva fatto dei primi, li accolse con mal dissimulato spavento perchè era persuasa che dietro essi dovessero arrivare ascari a stuprare le donne. Mi piace nominar qui a titolo di onore la signora Sirmion e la signorina Mengoni, di Rovereto, che si trovavano a Fiera e andarono subito incontro ai primi bersaglieri sventolando un tricolore.

Ora tra le rovine bruciacchiate di San Martino di Castrozza vagolano ancora ogni notte, come corvi o jene, i vandali austriaci che hanno voluto sacrificarne le ricchezze. Fiera di Primiero invece ha raddolcito il suo aspetto già così ridente.

Gli archi acuti della Chiesa Parrocchiale quattrocentesca, gotico rasserenato dall'aria italiana che vi spira attorno dalle Dolomiti, l'ardito campanile ghibellino a dominio di tutta la valle, il piccolo palazzo tirolese sede già del Capitano distrettuale ora del nostro Commissariato, non hanno l'aria un po' spaurita e diffidente degli abitanti, forse non convinti ancora che ciò che è avvenuto non è un sogno: tutte le cose intorno a noi, per le vie e per la valle, sorridono. Sgombra d'ospiti estivi, la valle ha un aspetto più dolce, più primaverile, anche in questo morir dell'estate sulle rocce fantasiose del Sass Maor magnifico dai mille colori.

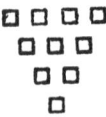

Cadore

Cadore

Venadoro, 4 settembre.

UNA lunga fila di muli sale su per una strada rocciosa tra gli abeti. Un anno fa questa strada era un sentiero praticabile alle capre e ai cacciatori di montagna : oggi è una comoda mulattiera, su per la quale anche il più timoroso borghese della città può avventurarsi sicuro, a cavallo di uno dei muli capuani cui la guerra ha dato convegno in questa valle. Similmente erano un anno fa strette mulattiere alcune delle strade che ieri abbiamo potuto percorrere in automobile. La guerra, oltre il resto, lascerà dietro sè un inestimabile beneficio a tutti questi luoghi, sotto forma di strade, di comunicazioni, di riallacciamenti, di ricoveri, di utili impianti di ogni sorta, destinati a rimanere stabili.

Sale la lunga fila dei muli. Se un osservatorio austriaco potesse scorgerla, si maraviglierebbe di non riconoscere in essa nè una colonna di munizioni, nè un trasporto di pezzi o di rifornimenti, nè altra sorte di salmeria. Tutti quei muli sono inforcati da uomini, che non vestono la divisa. I primi due sono ufficiali dello stato maggiore ; ma tutti gli altri - e la fila è lunga - sono borghesi.

CADORE

È la stampa, che dà la scalata alla guerra.

Giunta a un alto ripiano circondato di rialzi rocciosi, la stampa scende. Poi a piccoli gruppi – perchè cominciano sentieri esposti in parte all'osservazione dei nemici – si arrampica, come può, verso le cime più alte. Com'è igienico vedere tutte le lotte elettorali d'ieri affratellate in questa comune fatica e in questa concorde avidità d'immergersi nel grande fatto nazionale che le ha improvvisamente scompigliate e sommerse!

Ora non c'è più traccia di politica intorno a noi. E nemmeno d'alberi o di prati. Siamo avvolti in un giallore di rocce, abbagliati da un biancore di nevi che rifulgono al sole. Il cielo è limpidissimo e sgombro. Il silenzio della montagna è sottolineato dalla voce intermittente di cannoni, lontani e vicini, nostri e altrui, profondi e acuti: e tutte quelle voci insistono in echeggiamenti lunghi, smorzati, varii: alcuni sembrano fendere l'aria come lame aguzze, altri pare che rotolino attorno attorno remoti come sul cerchio d'un orizzonte lontano e invisibile nascosto ai nostri sguardi dalle rocce vicine, che s'addensano sempre più strette intorno a noi e alla nostra ansia di arrivare più su, "dove si vede...."

□ □ □

Si vede.

Ma prima di guardare con noi, si compiaccia il lettore di riepilogare dai bollettini e dalle notizie la cronaca della nostra avanzata in questo settore, cioè nella regione orientale del Cadore. (In realtà, i geografi chiamano Cadore soltanto la regione a est del Boite: ma accetto la toponomastica dei bollettini, che chiamano Cadore anche questa parte del Bellunese).

Il 24 di maggio, occupazione di tutti i passi di confine. Il 26 liberiamo la Forcella di Lavaredo. Il 29 il passo Tre Croci, e Cortina d'Ampezzo con la sua conca. Il 30 monte Belvedere, che segna il limite occidentale del Cadore, e da cui si domina, verso il Trentino, Val Cismon e Fiera di Primiero.

Poi i comunicati tacciono fino al 9 giugno, giorno del " vittorioso combattimento " intorno al Sompauses, e dell'avviamento verso il Passo Falzarego. Il 14 le nostre artiglierie danneggiano gravemente la forte opera austriaca dei Tre Sassi, il 16 occupiamo l'Albergo di

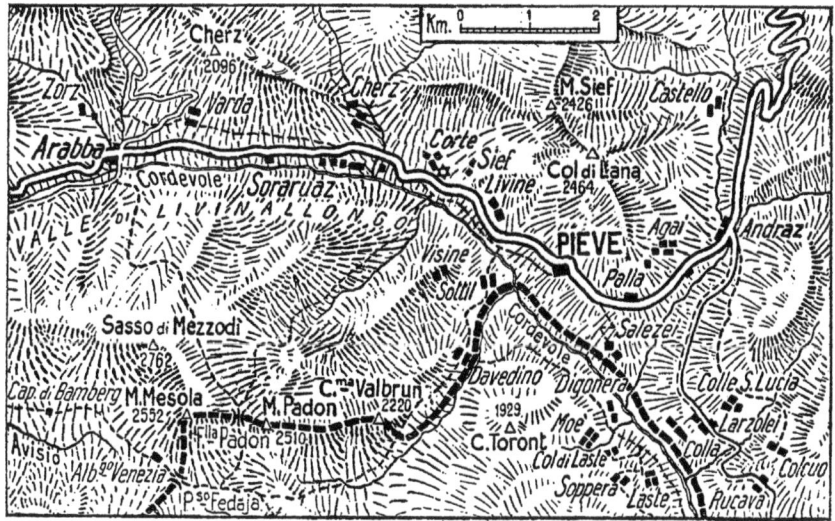

Falzarego e il Sasso di Stria. Le tre settimane che seguono sono impiegate in lavori di rafforzamento delle posizioni occupate e delle relative retrovie: il 10 di luglio riprendiamo l'avanzata, aprendo il fuoco verso il forte Corte nell'alto Cordevole, la più importante delle posizioni fortificate austriache, in quanto impacciava la nostra occupazione di quel Col di Lana, che è in questo momento uno dei centri della lenta azione quotidiana d'artiglieria in cui si riassume per ora la guerra nel Cadore.

CADORE

Un altro di tali centri è la Tofana, la cui insellatura è presa il 9 di luglio con un'ardita scalata degli alpini; cinque giorni dopo (seguo sempre i comunicati) " un reparto di fanteria, inerpicatosi per un canalone ritenuto inaccessibile, riusciva a occupare di sorpresa la cima di Falzarego ", e l'azione vittoriosa continua per altri due giorni con la conquista di tutta la linea occidentale che da essa cima giunge alle pendici del Col di Lana. Il 23 si completa l'occupazione del forcellone della Tofana. Il 28 si prende il costone di Agai, che dal Col di Lana scende su Pieve di Livinallongo; il 25 di agosto si parla ancora di un rafforzamento della nostra avanzata su Col di Lana all'estrema sinistra e il 9 si annunzia il nostro sicuro possesso di Cima Undici all'estrema destra della linea che da nord-est a sud-ovest segna l'andamento del nostro fronte in questo settore: tra la valle del Cismon cioè, e la valle del Boite che si continua nella strada che scende a Toblacco e alla Drava.

◻ ◻ ◻

È possibile che il lettore trovi oltremodo aridi e muti gli spogli che vengo facendo dai bollettini del Comando Supremo: nomi quasi tutti poco noti o addirittura ignoti fino a poco tempo fa, e date. [1]

Ma io presumo, scrivendo, di dirigermi a lettori che nelle notizie d'una guerra così nostra, così di ognuno di noi tutti, cerchi qualcosa di più che qualche macchia di colore, qualche brivido, qualche diletto sentimentale di episodii. Presumo che delle notizie ufficiali della guerra ogni buon italiano abbia fatto, da tre

---

[1] Il bollettino dell'8 settembre annuncia un'avanzata offensiva in tutta la regione del passo di Monte Croce di Comelico, la zona più aspra delle montagne dolomitiche, che in parecchi punti supera i tremila metri.

mesi in qua, la sua più intenta lettura quotidiana, e ch'egli sappia oramai destreggiarsi tra le centinaia di cartine particolareggiate con le quali gli è stata facilitata l'intelligenza di quest'intrico di valli e di monti, e delle operazioni militari che vi si compiono.

Quei nomi allora non saranno per lui muti; ed egli potrà seguirmi mentre, lasciata ogni rotabile e ogni mulattiera, lo guido su tra il giallore delle rocce e il biancore delle nevi, e varcato il Nuvolau, lo faccio sdraiare presso di me su di una falda del monte Averau, a 2648 metri d'altezza: sdráiare, chè se stesse ritto parecchi osservatori austriaci, un po' da tutte le parti, lo scorgerebbero subito e tirerebbero su di lui come su di un camoscio.

Di là scorgiamo magnificamente tutta la posizione nostra ed altrui, e possiamo immediatamente mettere un profilo, un colore, una fisionomia, su quei nomi aridi e muti.

Ecco, là in faccia, a ingombrare tutto il centro dello sfondo, la Tofana; violacea, striata di giallo, sfumata di grigio. Si presenta, da destra a sinistra, come una scala di tre gradini: ma tre gradini scoscesi, aguzzi come denti di fiera. E noi ci stiamo aggrappando là sopra. Davanti ad essa corre la valle Costeana, o di Andraz, o strada delle Dolomiti: va da Cortina d'Ampezzo, di cui scorgiamo a destra le prime case, ad arco lento verso ovest, passando sotto cime nostre e sotto cime ancora vive di fuoco contro di noi. In basso, in quella che di qui può chiamarsi una valle, ma è un furioso attorcigliamento di rocce scabre e asciutte a più di duemila - metri d'altezza, cinque di queste rocce hanno un aspetto valterscottianamente romanzesco di torri dirute, ancor diritta la più alta, abbattute o pendenti verso terra le altre: ed è quello Cinque Torri. A sinistra della Tofana, ad arco, nel lontano, si profilano vagamente posizioni ancora austriache, come il Settsass, il Cherz, Col di Lana, e posizioni già fatte nostre, come il Sasso di Stria. Un arco più vicino continua la Tofana col Castello ove i nemici hanno collocato· tra i crepacci tiratori scelti che mirano verso noi, all'uomo, quasi infallibilmente, e col Col di Bois, già tutto nostro, di cui scorgiamo gli attendamenti. In fondo a destra domina il monte Cristallo, poderoso, striato obliquamente da rughe di neve; più là, più svelto, il Cristallino.

E tutto ciò è territorio di conquista, già preso o da prendere, coi cannoni e coi fucili, con le mani e coi denti. Il nostro e il loro si mescolano, s'incuneano. La nostra occupazione è un lento addentellarsi continuo di queste due linee frastagliatissime: un addentellarsi, che porta insensibilmente e irresistibilmente più in là la nostra linea. Dietro le spalle ci protegge il Porè poderosamente.

□ □ □

La conquista del Porè fu l'opera eroica di una sola notte, la prima di guerra; fa parte di quell'occupazione che il secondo ·comunicato del comando annunciava con la rapida menzione: " In

Cadore vennero occupati tutti i passi di confine ". Non si potrebbe essere più semplici, nudi e modesti. Invece l'occupazione del Porè fu uno degli episodi più arditi di tutta la nostra guerra. Fu una sorpresa del primo giorno, delle prime ore. Al momento della dichiarazione di guerra il nemico poteva credere che i paesi più bassi, di qua dal nostro confine d'allora, fossero quasi sguarniti di soldati, perchè questi erano stati trattenuti tutti silenziosamente nelle retrovie. Ma appena scoccata la mezzanotte della guerra, furono lanciati. E rapidi e cauti avanzarono, cominciarono a salire su per le pendici del Porè, intorno intorno, raggiunsero le prime trincee e le conquistarono di colpo, poi si sfrenarono coll'impeto vertiginoso con cui avrebbero in pianura potuto eseguire una carica di cavalleria. Di mano in mano che il monte austriaco si veniva svegliando tutt'attorno verso la cima, si vedeva addosso gl'italiani, se ne sentiva schiacciare, li vedeva procedere avanti, in su. Quando l'alba spuntava, anche la cima del monte si svegliava; tutto il monte era desto, ma tutto era già nostro. E segnava di colpo un nostro confine mille volte più vantaggioso di quello di poche ore innanzi. Dal Porè l'avanzata potè cominciare e irradiarsi attorno in modo più regolare, gli attacchi diretti poterono essere preparati dalle azioni dell'artiglieria.

In modo più regolare. Ma, naturalmente, meno rapido, e anche più pericoloso. Ho detto già che alture nostre e alture austriache si mescolano e si stringono da presso, in tutta la regione, in modo raccapricciante. Ebbene, le cime che son nostre dovettero essere prese tutte così, come il Porè, con un'ascensione alpina per i picchi, come lo stringersi di un nodo scorsoio d'uomini armati, nodo che mentre si stringe scivola in su, fino alla vetta, e quivi si lega in un groppo indissolubile. E la mescolanza e il contatto stretto non è solo tra cima e cima, è anche in uno stesso monte, tra questa e quella parte, tra il basso e l'alto, tra un costone e un crepaccio, tra un valico e un picco. Immaginate un monte che a metà un burrone divida profondamente in due parti: – ficcati entro quel burrone sono italiani, che con artiglierie mobili battono la cima; inerpicati alla cima sono austriaci, che fanno rotolare granate entro quel burrone. Così alla Tofana. E immaginate un altro monte che fino a metà sia coperto dagli ultimi boschi, e da ivi in su nudo e scabro: tutti quei boschi sono appostamenti d'italiani, tutto quello scabro sono file di trincee austriache. E l'Italia grado grado esce dal bosco e procede nello scabro, prende le trincee una dopo l'altra, le volta per offendere all'insù, le afforza. Così al Col di Lana.

Le trincee avverse sono a cento, a ottanta, a cinquanta metri una dall'altra. E italiani ed austriaci hanno, intorno intorno, cime loro, occupate da batterie loro: e ognuna batte con precisione verso quel colle, contro l'ultima e la prima trincea: cinquanta metri più su battono le nostre, cinquanta metri più sotto battono le loro, e là, sulla costa infernale, ogni trincea mentre combatte è continuamente disturbata, scompigliata, guasta dalle granate e dagli shrapnells che piovono di lontano, d'ogni parte, imprevedibili, come se il cielo e l'aria stessa si facessero posti d'offesa contro il nostro eroismo. Ma l'eroismo è infaticabile, fanatico, fatale. Al Fedaia una batteria si mantenne per due mesi in una conca del raggio di cento metri, sempre sotto la pioggia rovente ed esplodente. Sul Col di Lana una batteria uscendo dal bosco di Salesei giunse, di notte, trascinandosi dietro i pezzi, a cinquanta metri dalla cima. Furono scorti all'alba: cominciò il duello terribile, che non poteva essere che a morte; e quelli della nostra batteria, sempre sparando, morirono tutti, uno per uno; l'ultimo rimasto era un sergente che anche accortosi di essere solo non dette segno di resa, ma continuò, ferito, spossato, sanguinante, a sparare, finchè morì, come gli altri, abbracciato al suo pezzo. Ma intanto, sotto, i soldati che occupavano il bosco avevano potuto avanzare e conquistare un largo tratto di trincee, da cui nessuno ci smosse più.

E tutto questo è il poema che il comunicato del 29 luglio riassume con le parole: " le nostre truppe occupano il costone che dal Col di Lana scende sulla borgata di Pieve di Livinallongo ".

A questi miracoli d'ardore e di eroico disprezzo della vita, gli austriaci resistono, bisogna riconoscerlo, con tenacia e con abilità; ma a lungo andare ogni loro resistenza finisce col cedere, un po' dappertutto. E allora si ritirano. Alcuni si ritirano restringendosi sempre più verso i culmini, ove li aspetta la morte o la prigionìa; altri fuggono, per la via delle Dolomiti, verso l'ovest. Fuggiti, quando vedono che la loro fuga anche da questa parte è immediatamente seguìta dall'occupazione e dal rafforzamento degli italiani, cannoneggiano, al di sopra e dietro di questi, i paesi che s'accorgono d'aver perduto per sempre: li cannoneggiano con granate incendiarie, che lasciano tutta la strada della loro fuga e del nostro procedere segnata dagli scheletri fumanti di quelli che furono villaggi e cittadine ridenti già molto curate e frequentate da loro come luoghi di villeggiatura e di preparazione militare. Tali erano Salesei, Franza, Pieve di Livinallongo e il castello di Buckenstein: tutti paesi ai piedi del Col di Lana, e rispondenti ai costoni che dalla cima di esso scendono a valle: tutti campi, oggi, di lotta e di martirio. Buckenstein fu ritrovo favorito di caccia per i principi austriaci; andandovi passavano per Pieve, si trattenevano qualche notte nel Grand Hôtel di Pieve. Ora il castello, e l'Hôtel, e i paesi interi, sono mozziconi di case nere. Un piccolo particolare curioso. Partendo da Pieve gli austriaci ebbero cura di bere prima tutte le bottiglie che erano nell'albergo: operazione che dovè essere eseguita in gran fretta, perchè i vetri vuoti furono trovati tutti gettati alla rinfusa e ancora avvolti nelle loro custodie di paglia. Inoltre, temendo forse che il campanile di Pieve potesse servirci da osservatorio, ne sbarrarono tutte le finestre con lastre di metallo, e poi di lontano ogni tanto lo cannoneggiarono, fin che si decisero a incendiarlo.

□ □ □

Li abbiamo veduti, i paesi incendiati, da un osservatorio di artiglieria che abbiamo raggiunto mediante un altro faticoso viaggio, in parte a mulo e in parte a piedi, in un'altra mattinata di sole e di cielo limpidissimo.

In materia di osservatorii, la natura complicata e intricatissima di queste rocce ci favorisce maravigliosamente. I picchi e i costoni apparentemente più lisci offrono spesso meandri invisibili nei quali con poche tavole e poche zolle si stabilisce il più sicuro e il più comodo rifugio d'osservazione, aperto a vedute amplissime delle situazioni nemiche, impossibile a individuarsi. Abbiamo avuto la fortuna di poter raggiungere e penetrare il principale di essi, donde si comanda tutto il settore.

In un luogo come questo ci si sente veramente nel centro vivo della guerra. Due picchi sono collegati uno all'altro mediante un passaggio coperto, del quale non ci si avvede fin che non vi siamo entrati. La voce del soldato che col megafono domanda notizie ad alcuni osservatori avanzati, quella dell'ufficiale che da un centralino telefonico, appollaiato nell'incavo di una rupe, riceve informazioni e trasmette ordini, le indicazioni del colonnello, precise, recise, che in poche parole matematiche distribuiscono l'azione a tutto il settore, il fragore lungo che dalle batterie invisibili traduce rapidamente nell'atto quegli ordini, – tutto ciò sgombra dall'animo ogni orrore della guerra, e lo riempie come di uno stupore religioso; ci sembra di assistere, al di fuori della vita, a non so qual vasto e solenne fenomeno naturale, ultraumano. Ogni senso dell'individuo scompare: e dell'individuo nostro, intendo, di noi che osserviamo, e di quello di tutti coloro cui questo fenomeno porta la morte. La morte, la vita, il valore d'ogni sensazione e d'ogni passione umana sfumano come per un incantesimo dal petto di chi si trova improvvisamente avvolto da questa atmosfera, che non è più neppure eroica, da questi atti, che hanno qualche cosa di elementare, di secolare, di divino.

Mi scuote la parola del colonnello, una maschia figura di soldato semplice e rude, pieno di gentilezza rapida e profonda, entusiasta de' suoi soldati e del suo compito, innamorato de' suoi cannoni e dei pochi fiori di roccia che spuntano qui attorno e che i soldati ogni mattino gareggiano a raccogliere per offrirglieli.

M'invita a salire alla parte più alta della galleria, ad affacciarmi alla fenditura da cui si dominano le posizioni avversarie.

Essendo salito di dietro le rupi, non immaginavo che quelle fossero così vicine. È una maraviglia, per il profano, abituarsi subito, aiutato da un potente cannocchiale, a distinguere così bene quello che importa della vita di un sistema di trincee e di un accampamento nemico. E dei nostri e dei loro, vedo trincee, accampamenti e moti. Ma ora tutta l'intensità della mia attenzione si concentra nel contemplare sul vivo l'effetto degli ordini matematici che il colonnello ha diramati pochi minuti prima. I rombi del cannone, che avevano accompagnato la mia salita in una confusione inestricabile d'echi e di prolungamenti, ora mi pare che si delineino, si profilino quasi visibilmente nello spazio luminoso che mi si apre dinanzi, e che sgorgando dalle gole di questi monti, nostri da ieri, convergano là, sui monti che saranno nostri domani.

Infatti, dopo un rombo lungo, che sembra eterno, ecco là, al punto estremo d'una trincea segnata da una ruga più chiara nella roccia, come uno sputo di fumo nero uscire dal suolo, e uno scoppio. Un altro rombo, un altro sputo nero, ma all'estremità opposta della stessa trincea, e via via, rombi, e scoppii, ed esplodere della terra nera lungo tutto il percorso della trincea; e colpi che cadono, uno dopo l'altro, nello stesso identico punto, a uguale distanza di tempo, con la esattezza di uno strumento di precisione. Poi da un'altra batteria cominciano i tiri a tempo, che vanno a esplodere nell'aria, proprio al di sopra del bersaglio, in blocchi di fumo bianco, che s'allargano sfioccandosi di grigio, che imbrunano dissolvendosi: e le esplosioni nere nella roccia e le esplosioni bianche nell'aria si susseguono, si moltiplicano, si confondono in una sola nuvola vasta che a poco a poco avvolge tutto il cocuzzolo del monte e par fumigare da quello nel cielo.

□ □ ◁

L'uomo, anche in tempo di guerra, è un animale curioso. Mentre me ne ritornavo dall'aver provato una delle più intense e religiose impressioni di cui l'animo umano è capace, mi sorprese d'un tratto una curiosità, molto naturale del resto. Ho visto come si mandano le cannonate, che si allontanano. Ma non le ho viste arrivare, verso me, quando si avvicinano.

Il caso mi ha favorito anche in questo. Scendevamo, a dorso di mulo, giù per certi prati ripidi che scivolano fino al paese dove si riprende la strada rotabile. E dietro noi, dietro le rocce che ci lasciavamo alle spalle, il confuso rumore delle cannonate che ormai accompagna tutto il nostro viaggio fu attraversato d'un tratto da un sibilo noto, arrotato, strisciante, e da uno scoppio vicino. Ci voltiamo a tempo per scorgere, sulla cima del monte da cui siamo scesi allora, dissolversi la nuvola bianca d'uno shrapnell. Non tutta bianca, questa: ha il margine inferiore come impregnato d'un rosso vivo. Dissolvendosi, diventa un fumo nero che disegna per un momento l'immagine d'un abete in vetta al monte, e scompare.

Forse cominciano a rispondere alle cannonate che abbiamo visto tirare di lassù?

Aspettiamo. L'attesa è breve: un altro sibilo, e un altro fiorire di nuvoletta bianca e rosa sul monte. Poi un terzo. Ed ecco dal sommo dei prati che attraversiamo sbucano da ogni parte soldati, trascinando muli e munizioni, dietro i ripari preparati per l'occorrenza. Tanto i muli quanto i soldati sono allegrissimi.

I sibili e gli spennacchi bianchi e rosa continuano, regolari, discreti. Continuando, si accostano sempre più, seguendo la cresta, al nostro prato e al sentiero che la fiancheggia. Le ultime le vediamo scoppiare nella rupe, da cui si staccano schegge e piovono sulla strada. Aspettiamo ancora un poco, ma lo spettacolo non ricomincia.

E noi ci rendiamo perfettamente conto, e per l'impressione nostra e per il viso lieto e i motti faceti dei soldati che commentano ogni arrivo, che l'arrivo degli shrapnells, finchè non colgono in pieno, è per l'appunto nulla più che uno spettacolo, e che la paura è una leggenda.

CADORE

Ci allontaniamo di là a malincuore, nel silenzio sopravvenuto. Cominciano le ipotesi su quel cannoneggiamento. Qualcuno crede che gli austriaci abbiano individuata la batteria di lassù, altri prefeferiscono supporre che abbiano avvistata la nostra colonna, e la salutino così. È una supposizione un po' vanitosa.

In realtà, qualche volta essi tirano un po' a caso, in mezzo a questo groviglio di alture, di strade, di coste e di villaggi.

Passando per un paesino, che non ha nessuna importanza nè militare nè civile, vedemmo i segni di un bombardamento avvenuto la sera prima: qualche vetro rotto, una buca in un prato.

E un ferito, uno solo. Una capretta giovane, nera, ha la testa fasciata. Pascolava in quel prato, e una scheggia l'ha colpita alla fronte, le ha quasi asportato uno dei corni appena spuntati. Mi guarda con occhi malinconici, pieni di interrogazioni angosciose. Non ha capito niente della guerra.

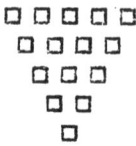

Due conche

Due conche

Pieve di Cadore, 8 settembre.

IL tempo ha voluto variare e completare la nostra rapida esperienza della guerra, dandoci un saggio delle operazioni militari in montagna con la pioggia.

Tra l'acqua che scendeva fitta e la nebbia che ci stringeva intorno, abbiamo risalito la valle dell'Ansiei fino alla conca di Misurina; ma quale pioggia e quale nebbia! La pioggia è fatta come se l'aria diventasse irta di mille pungoli; la nebbia turbina come fa la neve; e la strada, una mulattiera allargata, è tutta una patina viscida e lubrica, cosparsa di pietrisco aguzzo. Ogni tanto una folata di nebbia s'incava, e ci accorgiamo di procedere in mezzo a un'abetaia, animata d'uomini e d'attendamenti. Ogni tanto uno squarcio tra i nuvoli ci fa apparire bizzarri frammenti di montagna grigia sul nostro capo: già il Corno del Doge li fende fino al cielo. Poi, salendo, la pioggia dirada, la nebbia s'interna tra gli abeti, scivola dietro i tronchi, apre misteriosi sfondi di buio nel verde, riappare tra i rami più alti, fumiga via verso il cielo che si è andato plagando d'azzurro: e le masse enormi delle montagne si compiono, raggiungono il sommo, si crestano in frastagli gialli da cui dilagano rovesci bianchi di neve giù per i costoni. Così raggiungiamo la malinconica conca di Misurina.

Per tutta la strada, nell'accompagnamento sordo della pioggia sugli alberi, ci ha seguìto preceduto attraversato, il canto ruvido e sobbalzante di camions appena visibili tra la nebbia come masse mostruose, la musica delle larghe rote piatte che stritolano i sassi nel fango; e un apparire e scomparir vago di profili d'affusti e di cassoni, e carriaggi che si tirano dietro uno sbatacchiare d'assi d'abete. È il movimento delle retrovie, che vediamo ogni giorno farsi più intenso. È pur questo un annuncio dell'inverno, cui la guerra si prepara. Anche nelle vallate che abbiamo percorso in giorni più miti oggi questo movimento cresce, sotto qualunque cielo, di giorno in giorno. Tra due mesi molta parte dell'Italia armata si troverà isolata su cime, sulle quali dovrà vivere e guerreggiare per otto mesi, senza comunicazioni verso il piano. È necessario che quanto occorre, per la guerra e per la vita, sia pronto e trasportato lassù tutto, per tempo.

□ □ □

La Conca di Misurina, serrata a destra e a sinistra dalle Cadine e dalle Pale, diritte muraglie, guardata alle spalle dal Sorapis sveltissimo, s'apre a nord verso una cortina che in poche settimane ha vissuto una sua storia gloriosa. Quel triplice ammasso, composto e sicuro, là in fondo a destra, sono le tre cime di Lavaredo; ivi, salendo dal Ponte della Marogna, passava l'ingiusto confine, segnato da una fila di sassi dalla forcella alla cima, e a quella forcella il 26 maggio due reparti di alpini misero in fuga due compagnie e conquistarono la posizione; certo salutarono il Leone di San Marco che v'è scolpito in una roccia. Di là sentiamo ora il rombo del nostro cannone affievolire verso il nord. In faccia, uno dietro l'altro, Montepiana e Montepiano.

Montepiana fu nostra fin dai primi giorni, quasi a un tempo con la Forcella di Lavaredo. Poi, prima di procedere, passò una setti-

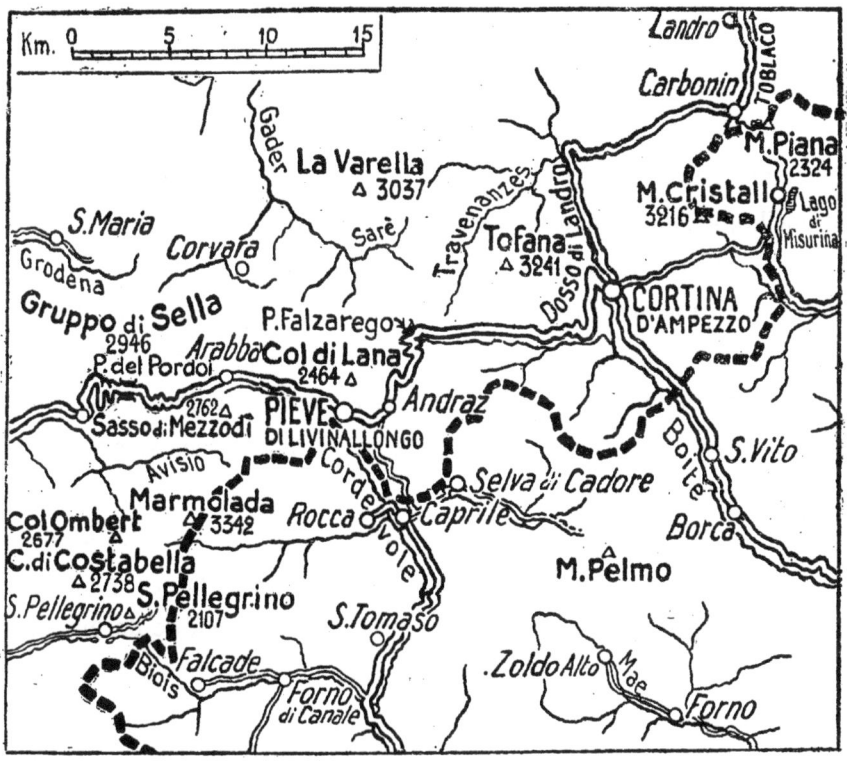

mana in lavori d'afforzamento e puntamento delle nostre artiglierie, per controbattere i forti austriaci della cortina retrostante; mentre si organizzavano e s'insediavano le fanterie, continuava terribile il duello dei cannoni. Il 15 di giugno cominciammo insistenti attacchi notturni contro Montepiano, ne iniziammo la scalata. Ora, rafforzati di là dalla sella che separa le due cime, aspettiamo, per procedere, che la cima di Montepiano non sia più sotto il tiro delle posizioni nemiche.

Cioè, che sia nostra anche l'alta e diruta cortina settentrionale che fa da sfondo al panorama. Fin dal 20 giugno son cominciati i nostri tiri contro il sistema di Landro, costituito di tre forti: Alto, Basso e Plattzwiese. Interrotti per dieci giorni dalle nebbie, furono ripresi il 1º di luglio.

Ora Alto e Basso tacciono, il terzo è fortemente danneggiato. Ci nuoce ancora il Raukhofel, che torreggia severo nello sfondo, lo Strudelkopfel, tolto alla nostra vista da un cumulo di nubi, e, tra l'uno e l'altro, quello Schwabenalpenhopf, profilo di torrione riquadrato, che domina l'orizzonte di Misurina e i cui crepacci proteggono l'osservatorio austriaco. Per tutta quella fuga di rocce si celano le loro artiglierie mobili; tirano il giorno qualche colpo, mentre la massa dorme. Essa lavora di notte a fare strade, strade sempre, per continuamente spostarsi.

Un saggio di tiri da Schluderbach (a sud dello Strudelkopfel, sull'alta valle della Rienz si mostra ai nostri piedi: tutto il piano di qua dal lago di Misurina è sforacchiato di buche prodotte da granate da 305, che ora si son riempite d'acqua e son diventate pozzanghere fangose.

Anche la facciata dell'albergo, dalla parte del lago, presenta sotto il cornicione un largo foro: passò di lì un proiettile che andò a prendere alloggio in qualche stanza degli ultimi piani. L'albergo era vuoto e chiuso e l'unico danno fu quello materiale: da notare che il proprietario è un tedesco. Forse dopo la guerra un albergatore intelligente, riattando l'interno, lascerà intatta la breccia, vi porrà sopra una scritta, e gli americani accorreranno ad ammirare il foro austriaco come un'attrattiva delle più ghiotte, del luogo. Neppure nel piano le granate produssero danni; naturalmente i nostri, sapendo il luogo così esposto, avevano abbandonato fin dal primo giorno la strada che vi passa. Ma per gli austriaci era una zona di tiri preparati. Non vollero sciupare la preparazione, e uccisero un mulo.

Noi però vi abbiamo perduto due o tre soldati. Il primo giorno che vi giunsero, attratti dalla bellezza malinconica del lago vollero fare un po' di canottaggio, vi si avventurarono sopra in barchette di cui non conoscevano la resistenza, e annegarono miseramente.

□ □ □

Le posizioni della Conca di Misurina si continuano e s'integrano a ovest, di là dal Passo Tre Croci (nostro fino dal 29 di maggio) con quelle della conca di Cortina d'Ampezzo, protetta dai versanti orientali delle Tofane, che contemplammo giorni sono dal sud, di sull'Averau.

Quando, risalendo la valle del Boite, siamo andati verso la conca di Cortina, il sole sfolgorava e il bianco dei paesi nella valle gareggiava col bianco della neve nelle montagne. Di là da San Vito, ultimo paese italiano secondo l'antica carta, ci sono riapparse le Tofane, nostra conoscenza vecchia; ma di qui non ci schiacciano: si stendono attorno a noi, ci abbracciano quasi. Dietro, l'Antelao enorme co' suoi tre scaglioni ferrigni; ancora più enorme, in faccia all'Antelao, il Pelmo. Non c'è nebbia: è il trionfo del verde energico e inquieto del Cadore, un verde senza pace.

La conca in mezzo a cui s'adagia Cortina, è inquadrata tra il gruppo del Cristallo e quello delle Tofane, e si sfoga verso Podestagno. La nostra occupazione si spiega dal Cristallo su Cresta Bianca, per la rocciosa montagna di Fiammes (e verso la valle di Rio Bosco per il monte Zurlong) fino ai piedi boscosi dei monti Cadini, sotto al Sompauses non ancor nostro, a Podestagno (punto morto rispetto ai tiri del Sompauses stesso) che fu occupato il 9 di giugno. Di qua dalle Tofane è il dosso di Landro, di là Val Travenanzes, che noi stiamo battendo. [1]

Al primo annuncio della guerra imminente gli austriaci fuggirono da Cortina, fecero saltare il ponte di Podestagno – un ponte alto cinquanta metri sul livello dell'acqua, che ivi procede incassata tra due muraglie a picco – e si ritirarono sulle loro posizioni, portandosi via i funzionari pubblici, compreso il medico: Cortina rimase otto giorni senza ufficiale sanitario. Ciò avvenne tra il 10 e il 15 di maggio, prima della dichiarazione di guerra. Noi entrammo il 29; la popolazione ci accolse con calma e subì con rispetto il disarmo, che fu eseguito dopo tre o quattro giorni. Ci fu qualche sospetto di segnalazioni, subito impedite. Le guide erano state portate via tutte fin dal primo giorno.

□ □ □

Del resto Cortina d'Ampezzo, non dico di spirito, ma di aspetto esteriore, ha sentito l'influenza della lunga dominazione austriaca e della frequentazione tedesca come luogo di villeggiatura. Ha perduto

---

[1] Anche dopo la nostra occupazione rimasero tra i frastagli della Tofana e del Cristallo piccoli nuclei di tiratori scelti. Ma stiamo metodicamente ripulendo tutto il luogo anche da essi. Il comunicato del 22 di settembre annuncia che gli austriaci rimasti su quei due monti a minacciare da ovest la conca di Cortina, furono respinti in basso, verso le vallate del Felizon (Boite) e di Seeland (Rienz).

ogni bel carattere di paese italiano d'alta montagna. Penso con no-
stalgia, a Cortina, al bel focolare friulano visto pochi chilometri innanzi, a Borca; un focolare esagonale di pietra, in mezzo alla stanza,
con una tettoia a orlo ripiegato e frastagliato, con l'alare unico che
ne traversa in largo tutto il piano, con tutti i suoi annessi – palette,
molle, catene – appesi dall'una e dall'altra parte alle due colonnine
dell'alare, e un bel fuoco di legna nel mezzo, e intorno intorno
volti cordiali e ridenti. Cortina d'Ampezzo non è che una ordinata
esposizione d'alberghi pretenziosi e di botteghe con le grandi insegne
chiare e burocratiche, che vi assaltano. Passeggiando in Cortina non
si fa che leggere insegne. E con la sua fontanina, col suo campanile assettatino dalla punta aguzza, con l'ordine nitido delle sue
strade, con la sua posizione di cittadina ben collocata, proprio in
mezzo alla conca, e ferma lì, senza fumo di focolari, senza grida,
senza pàtine, pare una città che si sia tirata in giù la giacca e stia
ferma in posa davanti al fotografo di provincia, per farsi prendere il
ritratto. Cortina d'Ampezzo, vista dall'alto o dal piano, di dentro o di
fuori, nell'insieme o in particolari, è la città-cartolina illustrata per
eccellenza. Ha una sola caratteristica: le beghine, numerosissime: visi
duri e grinzosi, che escono dalla chiesa e traversano la piazza con
occhiate rapide e subdole, sotto ai cappellini ovali ampiamente piu-
mettati di nero sul davanti, a tesa rigida calcata bassa sulla fronte a
nascondere gli sguardi sospettosi. Era domenica, e nella chiesa si
cantava l'evangelio propiziatore per il raccolto; e cantavano con
molta intonazione e con una precisa espressione. L'anima del paese
è, credo, sinceramente religiosa e mite; nè sarà difficile togliere la
crosta di cattolicismo politicante e di svizzerismo locandaio che la
dominazione austriaca e la frequentazione tedesca gli hanno imposta.

□ □ □

Chi ne volesse un chiaro segno, non avrebbe che visitare, nel piccolo cimitero vicino alla città, la tomba del generale Cantore. C'è sempre qualche cortinese commosso là davanti; c'è spesso un fiore fresco aggiunto da un paesano a quelli che i soldati vi mantengono perennemente; tra le corone secche, rimaste a memoria dei funerali, molte sono di cittadini, e non corone ufficiali, ma poste dal cordoglio sincero e dal risvegliato sentimento d'italianità di compaesani anonimi. Anche qui, come ad Ala, il culto di Antonio Cantore sta facendosi nucleo ed espressione di tutto un orientamento nuovo della mentalità e del sentimento del paese. Vorrei dire che il primo giorno dell'italianità nuova di Cortina d'Ampezzo non fu il giorno – 29 maggio – dell'entrata dei nostri, nella prima avanzata; ma quello – 20 luglio – in cui videro l'uomo che fino al dì innanzi avevano amato vivo e operante coraggiosamente per la loro libertà, portato qui dai suoi soldati, morto da una palla austriaca, o forse ampezzana.

Gli austriaci tenevano le Tofane, e di là minacciavano la nostra occupazione su Vervei e su Cortina stessa. Le operazioni sulle Tofañe erano dirette dal generale Cantore. Alcuni battaglioni, protetti dall'artiglieria, arrivarono sulla prima Tofana, ma vi trovarono un passo reso inaccessibile dalla guardia continua di tiratori scelti.

Cantore, avuta notizia dell'eccellente effetto prodotto dalla nostra artiglieria, volle andare in persona a rendersi conto della situazione, e al tocco del 20 luglio vi si avviò in compagnia del capitano Argentero dello Stato Maggiore. Giunsero in automobile a Pocol, proseguirono sui muli; alle cinque e un quarto erano sul posto. Da un solo punto si apriva la posizione, cioè da una specie di trincea aggiustata nella roccia, duecento metri al disopra del rifugio ov'erano appostati i nemici. I quali, secondo il loro sistema, sparavano il fucile a intermittenza, un colpo ogni sette od otto minuti.

Cantore raggiunse quel punto; ma di là non si vedeva donde partissero i tiri, nè come si coprissero i tiratori. Ne domandò a un soldato, il quale rispose che forse il punto poteva scorgersi di più giù, piegando verso destra. Il capitano vi scese, dopo un'ora risalì a riferire al generale che nemmeno di giù si poteva veder nulla. Allora entrambi risalirono, e trovarono finalmente una roccia che sporgeva proprio al disopra del crepaccio occupato.

Erano di poco passate le sei, e Cantore aveva il sole in faccia; per questo non vedeva abbastanza bene. Ma il luogo di osservazione migliore era appunto quello. Allora egli sporse un poco la testa.

Si udirono tre detonazioni; alla terza il capitano vide il suo generale rotolare giù per due metri dalla roccia, con la fronte sfracellata.

Tutti i soldati volevano uscire dalle trincee. Il capitano stentò a trattenerli. Ne chiamò due ad aiutarlo. Posero il generale a riparo d'una roccia. Furono loro portate tele da tenda, e su quelle cominciarono a trasportarlo giù. In un passaggio scoperto, per poco nuove fucilate non raggiunsero il convoglio: dovettero ripararsi e sostare venti minuti. Poi ripresero a scendere; a Vervei misero il cadavere nell'automobile, e la sera giunsero a Cortina.

La popolazione fu costernata. Egli era ivi, trasferitovi da Ala, da ventun giorni. Cento volte, anche in valle di Travenanzes, s'era esposto così. Aveva, come altri della sua tempra, la persuasione della propria invulnerabilità. E anche gli ampezzani che già lo amavano,

anche i soldati che lo veneravano come un dio, dopo le apprensioni dei primi giorni avevano cominciato a credere che davvero il
loro generale fosse inaccessibile al piombo dei nemici.

Eppure erano forse ampezzani coloro che non lo avevano creduto invulnerabile. I tiratori che sono con gli austriaci sulle Tofane,
sono cortinesi. Un vecchio sessantenne austriacante, il cui nome, Pietro Alverà da Cortina, va tramandato per vergogna alla storia dei
rinnegati, aveva fin da qualche giorno prima della guerra messi insieme sessanta giovani cortinesi della società dei tiratori col pretesto
di perfezionarli nella caccia al camoscio, e, anche contro la volontà
delle loro famiglie, li aveva trascinati sulle Tofane e messili al servizio degli austriaci; son essi che tirano di là sui passaggi, col
fucile da camoscio, munito di canocchiale. Pianga oggi la pietà
dei cortinesi, sulla tomba di Antonio Cantore, l'orrendo peccato
dei suoi.

□ □ □

Anche la conquista di queste cime è ricca di episodi di valore,
che ormai non si possono più chiamare incredibili perchè sono quotidiani. Quando, a occupare completamente la posizione di monte
Cristallo, compimmo l'operazione della Cresta Bianca, abbiamo fatto
passare alpini e bersaglieri con ben seicento metri di corda. Ciò avvenne a quasi tremila metri d'altezza, e non furono pochi i casi di
congelazione.

Della difficoltà di certe operazioni non occorre parlare: il Sompauses, per esempio, ove s'è combattuto un po'sempre e con effetti
eccellenti, è disposto in modo che i colpi d'artiglieria che vi si tirano non possono esplodere che sulle rocce; gli austriaci sono in

gallerie, nelle quali ritirano con facilità i pezzi, dopo lo sparo. Biso-
gnerebbe, per averne ragione, far saltare l'intera montagna. A Landro,
oltre i tre forti, tutt'all'intorno son posizioni preparate, e da lungo
tempo. Sulla Tofana le nostre truppe – e sono intere compagnie –
si trovano a 3200 metri d'altezza.

E ci vogliono rimanere. Era stato ordinato il cambio di truppe
ch'erano a tremila metri. Un generale m'ha fatto vedere una lettera
del capitano, per mezzo del quale tutti i suoi soldati, chiedendo per-
dono per l'infrazione alla disciplina, imploravano di rimanere, e ad-
ducevano per ragione che ormai essi s'erano perfettamente abituati
alla temperatura di dieci gradi sotto lo zero, e che conoscevano i
passi sicuri.

Sulla cima del Cristallo un ufficiale salito a visitare i soldati,
credè opportuno confortarli facendo loro pensare al tempo in cui
sarebbero tornati. Rifiutarono ogni conforto, asserendo: — Stiamo
benissimo qui. —

Nè manca, tra gli episodi eroici, qualche tocco di comico. A
Col Rosà (già osservatorio austriaco per i tiri preparati contro la
conca di Cortina, ora nostro), tre alpini erano stati fatti prigionieri
dagli austriaci. Un bel giorno i tre soldati ritornano ai nostri avamposti, tra la gioia e lo stupore dei loro compagni. E narrano che,
essendo sotto la guardia di un solo soldato, un tirolese, lo avevano
assalito, pur essendo inermi, e imbavagliato, e così gli erano fuggiti,
portandogli via parecchi oggetti tra i quali una tenda da campo e un
eliografo, che consegnarono all'ufficiale. Divennero gli eroi dell'avam-
posto. Senonchè due giorni dopo noi prendemmo di sorpresa prigione
tutto il corpo di guardia austriaco e lo portammo al nostro campo.
Tra i prigionieri era il famoso guardiano tirolese, che appena visti

i tre alpini si gettò tra le loro braccia baciandoli con effusione. Erano amicissimi, e manifestamente, per fuggirgli e portargli via la tenda e l'eliografo, non c'era stato bisogno nè di assalto, nè di bavaglio, nè d'altra violenza.

Tocchi di giocondità, che non contaminano l'atmosfera eroica. onde sono avvolte queste cime, ove il domani della nostra guerra si prepara più grande forse e più radioso che in qualunque altra parte del fronte.

Non occorre essere strateghi per avvedersene; basta la più umile delle carte geografiche.

Dalla Conca d'Ampezzo si svolge la vallata dell'Alto Boite, dalla Conca di Misurina la vallata dell'Alto Ansiei. Concorrono verso il nord, sboccano a Plattzewiese e a Landro, ci indicano la valle della Drava e la strada di Toblacco. Bisogna scendere alla vallata del Rufreddo, ove ci troveremo in faccia Croda Rossa, che ormai non ha se non degli osservatorii. Per ora siamo in quella della Rienz. Il Cristallo e il Cristallino sono nostri. Som Forca al Passo di Tre Croci, onde comunicano le due Conche, è stato incendiato. Quando il silenzio di tutta la cortina difensiva austriaca ce lo permetterà, occuperemo la cima di Montepiano.

Di là potrà forse sentire non so qual voce una contrada, non nostra, ma tale che condurrà quella voce al cuore dell'eterna nemica. Da queste cime verrà forse la parola della condanna alla nazione delinquente: all'alleato che nel vecchio confine impostoci aveva incluso, al ponte della Motta sotto Misurina, un tratto della nostra strada nazionale; che non aveva permesso alla nostra ferrovia di andare oltre Calalzo, mentre costruiva esso un forte in caverna sul Plattzwiese, e trincee di calcestruzzo a Montepiano.

DUE CONCHE

La vecchia e gloriosa voce del Cadore la condannerà.

Intanto le sue nevi brillano, i suoi monti sfolgorano, il suo verde pare che levi polifonie di solennità verso il cielo. Scoppia fuori, intorno intorno per l'orizzonte, la roccia gialla tra lo stridore bianco delle plaghe di neve, pazzamente. E il perchè del giallo e del bianco non appare. Sono vecchi accordi tra la montagna ed il cielo.

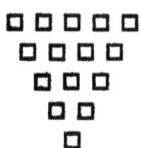

Ospedale di cavalli

Ospedale di cavalli

Valle del Piave, 13 settembre.

CORSIE d'avellana, di pini giovani, di viti bionde; sale chirurgiche di prati verdi e di pendii rugiadosi; letti morbidi di paglia sul margine d'un ruscello o al piede d'un castagno; e intorno intorno, invece di malinconiche pareti bianche, coste montane che s'aprono in valli, lo scorcio di un fiume largo che dilaga nella lontananza, profili ambigui tra di nubi e di monti, che si sperdono nell'infinito del cielo. Fortunati cavalli!

Eppure il cavallo malato fa una gran pena. Oso dire che fa più pena dell'uomo, quando, s'intende, la malattia e dell'uno e dell'altro non è grave. Certe sale – non tutte – degli ospedali dei feriti leggieri riescono perfino a dare un senso d'allegrezza: quella che sgorga e si espande dalla gioventù invincibile di quegli arditissimi, accesi ancora del fuoco della battaglia recente, vibranti di ritornarvi.

Invece l'incoscienza e la sommissione del cavallo malato è sempre lagrimevole. Risalendo altre retrovie, ne ho visto tempo fa ritornare una colonna, che scendeva dai gioghi intorno al Tonale.

Altri ne vedo arrivar qua, nel loro luogo di cura, che la Croce Azzurra ha riparato in una delle conche più verdi di queste Alpi risanatrici. I più sono malati di sfinimento. Hanno gareggiato coi muli nel ripire i sentieri infernali appena scavati tra le rocce, per trascinar su rifornimenti, salmerie d'ogni genere, e soprattutto i gravi pezzi d'artiglieria che vanno disegnando un'inquieta corona di fuoco lungo il confine sempre più avanzato della patria. Compiuta la fatica eccezionale, ritornano esausti, con gli occhi scialbi, i musi chini e tentennanti, le zampe tremule, le povere ossa emergenti come pali aguzzi di sotto la pelle assottigliata: sfiancati, succhiati, maceri.

Arrivano qua, o in altri stabilimenti come questi (e presto la Croce Azzurra ne raddoppierà il numero), e nelle sale operatorie di verzura o nei cameroni ospitalieri di prato riacquistano salute e forza. Poi anch'essi, come gli uomini risanati, ripartono per il fronte, a ricercare ostinatamente un'altra volta la morte.

Il capitano delegato li riceve dalle infermerie, assegna loro un numero, che da una medaglia che viene loro appesa al collo risponde a uno stallo; ciascuno ha il suo posto nel suo reparto a seconda del male e della gravità di esso. Subito comincia la cura: prato, aria sottile, ipernutrizione; è incredibile quanto di biada, d'erba, di crusca e di farina divori e digerisca in un giorno uno di questi cavalli, memori delle fatiche esaurienti delle prime linee. Vivono tutto il giorno all'aria aperta, in praterie vastissime recinte da palizzate rade, che non nascondono l'orizzonte, che non hanno nulla della scuderia o della prigione. Scorrazzano liberi, lenti e muti i primi giorni, poi sempre più sbrigliati, a testa più alta, giù per i declivi; riposano all'ombra dei pini, bevono nei ruscelli. Qualche volta li vedo raggiungere il recinto e trattenersi là, col muso sporto in fuori, a guardare il profilo lontano dei monti come se ricordassero le giornate di fatica e di spavento passate lassù. Forse non ricordano nulla; godono della forza ricrescente nelle loro vene. Di giorno in giorno i loro occhi si fanno più vivi, le costole scompaiono pian piano sotto i muscoli rinnovati. I prati dei convalescenti son tutti pieni di nitriti.

Non è tutto prato il luogo di cura. Ecco i baraccamenti di legno sormontati dalla bandierina bianca civettuola con la croce azzurra, e sventola. Di fuori non li riconosci perchè il denso fogliame dei nocciuoli che li fiancheggia, li nasconde quasi del tutto. Dietro, i due lati più lunghi son continuati da una parte e dall'altra da due spalliere di viti, una pergola ombrosa sotto la quale l'occhio cerca istintivamente le tavole e le panche e sulle tavole gli orci del vinello recente e i bicchieri.

Invece il luogo è tutto giallo di paglia e verde di fieno. Dominano dappertutto; l'aria è tutta piena d'uno spagliucolio che pare guidarvi là dentro, ove le file dei cavalli meno malati stanno a dormire la notte e far colazione all'alba, prima di riprendere il vagabondaggio libero che li risani del tutto.

Gli altri reparti sono in muratura: quello dei malati di gola, pieno di nitriti tossicolosi e dell'odore dei suffumigi quotidiani; quello degli operati, che sdraiati nella paglia aspettano la medicazione periodica; e via via tutte le forme e tutti i gradi del male; e isolato qualche cavallo che subì qualche operazione speciale e richiede un trattamento a sè. C'era una cavalla venuta qua da una infermeria che già l'aveva data come perduta. Le fecero un'operazione complicatissima, implicante l'apertura lungo tutto il canale della gola. Ora sta bene, e attende, col muso e il collo fasciato e lo sguardo tranquillo e benigno, di poter scorrazzare cogli altri. L'operazione era durata

quasi due ore ed era stata preceduta dalle regolari iniezioni aneste-
tizzanti.

A un'operazione meno grave ho potuto assistere. Consisteva in una medicazione profonda d'una ferita circolare in una zampa, proprio sopra lo zoccòlo, giro giro. La bestia era sdraiata nel prato, sopra uno strato di paglia. Un soldato, seduto in terra presso il suo capo, le reggeva il muso e la confortava carezzandole le froge e cercando d'introdurle tra i denti qualche pezzo di zucchero. Essa tendeva all'aria la zampa malata, legata con una fune che due ragazzi, stando sdraiati in terra a pochi passi, tenevano tesa. Due soldati trattenevano la bestia per il deretano. Ma non occorreva tenerla chè essa pur gemendo sommessamente stava immobile, mentre il veterinario, nel camiciotto bianco di operatore, steso tutto sul corpo di lei, eseguiva la medicazione dolorosa.

Compivano il quadro un attendente che reggeva il catino e porgeva le bende e i disinfettanti, e il capitano delegato (un gentiluomo milanese che fin dal primo giorno della guerra ha dedicato tutte le sue cure e la sua esperienza all'opera della Croce Azzurra), il quale, in ginocchio in mezzo al gruppo, sorvegliava l'operazione e aiutava l'opera modesta dell'attendente.

□ □ □

Una quarantina d'uomini s'è così isolata dal mondo tra queste valli, e attende qui all'opera utilissima, in un lavoro continuo e tutt'altro che leggiero. Basti pensare che i cavalli in cura sono ora centocinquanta, ma lo stabilimento deve poter accoglierne fino a duecentocinquanta; che ogni mattina si fanno circa trenta medicazioni; e che la cura e la sorveglianza dei cavalli sfiniti non è meno continua e meno minuziosa di quella dei cavalli feriti: e si avrà un'idea del lavoro cui si sobbarcano quei volonterosi. Ogni stabilimento ha un capitano delegato, un tenente, due ufficiali veterinarii, e poi tutto il personale di governo, sergenti, caporali e attendenti. La spesa media d'ognuno è di circa seimila lire al mese.

Com'è noto l'istituzione è di origine inglese e data dal tempo della guerra boera. Dopo l'agosto del 1914 l'Inghilterra impiantò in Francia quattro grandi stabilimenti della Croce Azzurra, che rimasero perfettamente autonomi, senza rapporti di sorta con le autorità governative.

In Italia l'istituzione, fondata a imitazione dell'inglese pochi mesi sono, ebbe in questo senso un miglioramento in quanto il ministero della guerra la riconobbe ufficialmente e ne militarizzò il personale – con un notevole vantaggio per la disciplina e l'organizzazione – mediante una convenzione che ha la durata di quattro mesi, ed è naturalmente rinnovabile e sarà rinnovata per tutta la durata della guerra.

Perchè l'istituzione, per quanto giovane, si mostrò subito matura e pari al suo compito arduo e alla sua utilità. La quale è grandissima. Chi, vedendo cavalli sfiniti o feriti ritornare dal fronte, ha provato il senso infinito di pietà che desta la loro incoscienza sommessa, può sentire la bellezza sentimentale dell'istituzione senza stare a pesarne i vantaggi. Ma anche posto da parte ogni sentimento, basta pensare all'immensa utilità del quadrupede in una guerra di montagna – e quale montagna! – com'è la nostra, e considerare che il cavallo è il genere di cui è men facile ottenere un'abbondante requisizione, per rendersi conto del beneficio enorme che reca il poter rimandare su per le montagne una grande percentuale di cavalli che sarebbero normalmente condannati alla morte per sfinimento o per ferite.

OSPEDALE DI CAVALLI

□ □ □

Un cavallino giovane, quasi ancora puledro, ha fatto una corsa, dal suo prato grande donde ripartirà tra un giorno o due, fino al recinto che lo divide dal prato minore ove si fanno le medicazioni. Sporge il muso di qua e guarda incuriosito l'operazione strana, quei sei o sette uomini affaccendati sopra un cavallone massiccio steso sull'erba. Poi scrolla il capo, guarda il cielo nuvoloso, manda un nitrito di giovinezza e di gioia, e si rimette a galoppare pazzamente, senza mèta, ubriaco d'aria. La sua incoscienza gioiosa è commovente quanto la sofferenza dell'altro. Guardandolo, non posso tenermi dal pensare a un'altra incoscienza: a quella di tutti i bambini, che vedono e sentono la guerra che non capiscono e non sanno: la vedono e la sentono in una quantità di cose strane: nella partenza dei loro babbi, nelle solitudini accorate delle loro mamme, nel ritorno di persone care che son poste in un letto e stentano a riconoscere i bimbi, nell'annuncio, fatto da una madre tra i singhiozzi, che altre persone care non torneranno mai più.

Un giorno i bambini capiranno quei misteri dolorosi, e sapranno che la guerra si è combattuta per loro, che tutta la vita loro ne ha ricevuto un inestimabile beneficio.

Ma con questo, eccoci molto lontani dai cavalli....

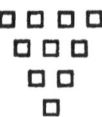

Silenzi e fragori

Silenzi e fragori

Timau, 15 settembre.

LA guerra, in qualche luogo, è soprattutto silenzio.

Il silenzio di chi aspetta, si nasconde, osserva. Poi giunto il momento dice una parola, l'unica efficace, e ritorna a tacere. Il raro rombo della cannonata, che non falla, pare in qualche punto non faccia se non incorniciare il silenzio immenso delle cime e delle valli, sottolinearlo, farlo sentire più largo, più vasto, più sovrumano.

□ □ □

Giorni sono m'ero trovato – e subito mi parve di dimenticare il come, il mezzo, il tempo, quasi ci fossi arrivato per incantesimo – in una radura ondulata e verdissima, in mezzo a panorami fuggenti d'abeti neri e di larici chiari, che si dilatavano a perdita d'occhio su per le coste molli fin verso le cime aspre sconfinanti entro i fumi errabondi del cielo. La radura era il centro di un silenzio infinito, d'una perfetta solitudine d'uomini e di cose umane. Verso il nord i monti imbrulliti s'allontanavano, s'incanalavano fuggendo entro un imbocco in cui si precipitava la nebbia fumante su dai prati e dai boschi più alti: e fuori dal mondo della nebbia rompeva il mondo delle cime acute e frastagliate, come diviso in due cortine concentriche, una più vicina e più bassa, una più lontana e maggiore.

L'una era il vecchio confine, la cui occupazione costò la fatica d'una conquista; l'altra era il nuovo, ove ci stiamo aggrappando a pietra a pietra. E quella fuga di nebbia che s'incanalava nel passo

aperto tra i monti, conduce verso la valle di Sexten, ove la lotta di difesa e di offesa è aspra come forse in pochi altri punti del fronte.

Siamo a Col Caradies, in faccia al Comelico, a dominio della Val Padola, la terza, con Val di Boite e Val d'Ansiei, delle vie di passaggio dall'Italia alla Drava.

Siamo in faccia all'epopea, i cui canti più alti si chiamano Sexten Seikofel Ober-

bacher, Croda Rossa. Ma nulla all'intorno sembra parlare di guerra. Ove le cime son libere dalla nebbia e dalle nubi, in qualche stria più regolare l'occhio esercitato riconosce una trincea, qualche strappo più chiaro nella roccia è il segno visibile lasciato dalle nostre granate. Dagli ultimi lembi del verde che tenta di arrampicarsi verso le rupi, vediamo uscire i cocuzzoli delle ultime tende d'un accampamento.

Ma son segni minimi e muti. Potrebbero essere i ruderi d'una guerra finita da anni. Sappiamo che attorno a noi le cime ci guardano dagli osservatorii, che nei prati dove passiamo caddero ancor ieri i colpi dei forti di cui quelle cime misteriose sono animate. Lo sappiamo, senza sentirlo: qui ci avvolge, c'incombe, ci stringe paurosamente quello che della guerra è il senso più strano, più angoscioso: il suo silenzio, il suo mistero, il suo perenne atteggiamento d'invisibile agguato. Silenzio e solitudine: non un uomo, non una casa, non un'arme, non una voce. Il verde senza pace e la discesa calma delle nuvole che ora vengono riassorbendo anche quei segni sperduti di guerra; la voce della montagna, compendio di silenzi lontani; la voce del verde, fatta di un avvolgimento morbido di tutti i sensi, di tutto l'essere, che sembra a ogni poco smarrirsi nello sgomento di quella grigia infinità, segnata a ogni poco da un colpo di cannone sperduto, rombi anch'essi silenziosi, senza scoppio, senza principio, come code di comete già spente: e la nebbia crescendo li assorbe, li dissolve nel grigio, che ora pesa su noi, su tutto il mondo, divinità diffusa e maligna, piena di mute minacce, di gelo, di paura.

Il vecchio e il nuovo confine sono scomparsi: non c'è più traccia di Roteck, di Cima Vallone, di Cima Vanscuro, di Quaternà. Sola riesce a fendere il grigio la punta del Monte Cavallino, ove la guerra è ogni giorno più viva.

□ □ □

Monte Cavallino, segnando il confine del versante settentrionale di Val Padola, divide nettamente il Cadore orientale dal Cadore settentrionale. Da Monte Cavallino il confine scende con una leggiera inclinazione fino al Volaia, e in tutto quel tratto la guerra è, da tutt'e due le parti, non altro che un'attesa difensiva. Tuttavia pochi giorni sono potemmo occupare il massiccio di Monte Chiadenis e di Monte Avanza tra Val di Sesis (affluente del Piave) e Rio di Fleons (affluente del Degano), nella zona del Paralba, ove il confine tra il Cadore e la Carnia raggiunge la frontiera austriaca.

Ma al Volaia comincia uno dei settori di maggiore interesse; ed è il tratto compreso tra le testate di Val Degano e di Val But. Volaia, Pal

Piccolo, Freikofel, Pal Grande: nomi già gloriosi nella breve storia della nostra guerra. Di là da quella linea s'apre, verso l'austriaca Zeglia, Val Valentina, il cui passo fu conquistato il 13 giugno con una difficile operazione " poichè il nemico – diceva il comunicato relativo – dovette essere snidato di trincea in trincea e inseguito di balza in balza ". E lasciò nelle nostre mani armi, munizioni, bombe e prigionieri. Il giorno avanti, press'a poco nelle stesse condizioni, era stato preso il passo di Volaia; mentre fin dalla prima notte di guerra i nostri s'erano solidamente assicurati dei passi di Giramondo e di Vall'Inferno e della testata di Val Degano con un assalto alla baionetta, occupazioni che permisero il fiancheggiamento da occidente del passo di Monte Croce Carnico.

La lotta durò più giorni e fu conclusa il 30 di maggio. In quel giorno un battaglione e mezzo di austriaci con mitragliatrici attaccò i nostri alpini presso il passo; gli attacchi furono cinque, consecutivi, tutti respinti dai nostri, i quali allora presero a volta loro l'offensiva, sotto la pioggia violenta e tra la nebbia fitta, e con leggerissime perdite, e facendo duecento prigionieri, ricacciarono definitivamente il nemico. Con la quale occupazione fu chiusa all'Austria una delle più pericolose vie d'invasione verso la regione veneta. Da questo passo il nemico avrebbe potuto scendere, sia per Rio Collina e il canale di San Pietro (But), sia per il Degano, fino al Tagliamento sopra Tolmezzo, prendendo così di fianco le nostre difese che avrebbero dovuto scaglionarsi lungo il Tagliamento stesso invece d'essere impiegate sull'Isonzo. Alla perdita di quel passo gli austriaci non riuscirono mai a rassegnarsi; tentarono più volte di riprenderlo, e sempre inutilmente: il 30 maggio; il 3 e il 4 di giugno, in cui persero una batteria; il 14 tentando di irrompere contro la dorsale del Monte Avostanis, che domina il passo da est, con una violenta azione di artiglieria prima, poi con un attacco diretto che noi respingemmo alla baionetta volgendo in fuga i nemici. Dopo quindici giorni, il primo di luglio, il vano tentativo fu rinnovato di notte, con l'aiuto di razzi e riflettori e col lancio di gaz asfissianti.

□ □ □

Il passo di Monte Croce Carnico è attorniato e guardato, a ovest dal Pizzo Collina nostro, e dallo Zellenkofel del quale ora è nostra una cima; a sud dal Tierz, nostro; a est dal Pal Grande dal Freikofel e dal Pal Piccolo. La situazione di queste tre cime rispetto al passo, spiega il frequente ricorrere dei loro nomi nella cronistoria della nostra guerra. Sulle tre cime passa il nostro confine, ma qualche ora avanti la guerra gli austriaci s'erano di esse cime impossessati.

Noi riconquistammo il Freikofel ai primi di giugno con una lotta di circa dieci giorni, nei quali oltre il possesso della situazione guadagnammo centinaia di prigionieri: altre centinaia di austriaci vi rimasero morti. Allora il nemico si volse contro Pal Piccolo e Pal Grande (che fiancheggiano il Freikofel ai due lati) circa al 15 di

giugno; il 18 e il 20 rinnovarono l'attacco contro il Freikofel direttamente, per volgerlo, il 22, contro la Cresta Verde, tra il Pizzo Collina e lo Zellenkofel; ritentarono i due giorni seguenti contro Pal Grande e Pal Piccolo: sempre respinti con gravi perdite. Ad assicurare meglio la nostra situazione noi occupammo, il 25, la cima dello Zellenkofel, mentre essi ritentavano quella del Freikofel. Il 26 il nemico tentò di riprendere lo Zellenkofel. Il 27 con artiglieria da monta-

gna, faticosamente trasportata su di un'alta vetta, distruggemmo un accampamento che i nemici avevano stabilito sul rovescio di Pal Piccolo; il 28 essi cannoneggiarono Cima Zellenkofel; il primo di luglio tentarono attacchi notturni contro Pal Piccolo; sempre inutilmente: a ogni attacco che respingevamo, la nostra situazione nelle posizioni occupate si faceva più forte. Con quasi punte perdite da parte nostra, continuammo a logorare il nemico, che a ognuno dei

vani e rabbiosi tentativi lasciava nelle nostre mani uomini e munizioni. E ogni volta allargavamo fruttuosamente la nostra occupazione; così il 1º di luglio un nostro reparto alpino conquistò un
trinceramento nemico nel versante settentrionale del Pal Grande,
trinceramento che molestava continuamente il nostro possesso del
Freikofel. Anche questa trincea fu oggetto di attacco, le notti del 3
e del 4, da parte del nemico che voleva riprenderla. Altre trincee
verso Val d'Anger occupammo l'11 e il 12 di luglio. I tentativi contro
le tre cime divennero abituali. Nei giorni nei quali non eravamo
impegnati a respingerle, continuavamo a disperdere, con tiri di artiglieria, i lavoratori incaricati di munire d'opere d'approccio le pendici austriache verso il Freikofel.

La menzione di simili attacchi inutili potrebbe continuare: nè è
detto che essi siano per cessare.

Volendo riassumere la storia della guerra in questo settore, po-
tremmo dividerla in due periodi. Nel primo, dal 24 di maggio fin
verso la metà di giugno, tenemmo un'azione difensiva contro i tentativi disperati d'attacco che il nemico operava, sempre con forze
preponderanti, e preceduti da intense preparazioni d'artiglieria che
talvolta durarono fino a tre giorni su tutto il ciglio, a raffiche di
otto, di dodici colpi contemporanei. Periodo nel quale si rivelò nei
nostri una delle doti più preziose e più rare del soldato nella guerra
moderna, cioè la resistenza all'artiglieria. Portavano indietro i morti
e riprendevano la posizione, impassibili. Nel secondo periodo, da
mezzo il giugno in poi, stabilitici incrollabilmente, ci permettemmo
azioni offensive, piccole incursioni. Ora che il passo di Monte Croce
e la testata del But – cioè il più pericoloso collegamento stradale
tra Val di Zeglia e Val Tagliamento – è solidamente nelle nostre

mani, le nostre truppe vanno lentamente e irresistibilmente allargando
le loro posizioni verso tutta la valle dell'Anger, sede principale delle
offese dell'artiglieria austriaca verso questa regione.

La valle dell'Anger è un vero campo trincerato, sistemato maravigliosamente, prodigiosamente armato da batterie multiple, d'ogni
natura: mortai, obici, cannoni, mobili e fissi, da montagna e da campagna, di tutti i calibri, di tutte le portate.

Quante voci ha la valle austriaca dell'Anger, quando scatena la
sua sinfonia!

□ □ □

Perchè non sempre e non in ogni luogo la guerra è soprattutto
silenzio.

Ma anche allora non appare come disordinato frastuono d'inferno: ma è una riquadrata, ben organata sinfonia, in cui distingui
le voci e gli strumenti, segui i temi melodici e lo svilupparsi delle
armonie. È una magnifica musica, piena di varietà, di solidità, di
ordine e di esaltazione.

Un lontano rullo di echi sonori che per venti gole arriva fino
alla vallata, ci invita ad avvicinarci. Montiamo per un poco, poi
non basta montare, bisogna arrampicarsi. La strada s'è fatta mulattiera, e questa sentiero. E di mano in mano l'eco lontana è divenuta
un preciso suono di rombi, isocrono, nitido. Le valli lo ripetono
con armonie semplici. L'alba si fa giorno, la strada si fa ardua: e
col crescer della luce e col ripire del cammino anche quel suono
diviene più intenso e più rapido. Ora un rullo segue l'altro, ininterrottamente: sono tre rulli, tre note diverse prolungate dagli echi dei
monti, e s'innestano su tre scoppi, uno più grave, due più acuti;

e vengono di là dalle cime, da una lontananza ancor vaga dove la ripidità della costa sul nostro capo si perde tra l'infoscare degli abeti. Al di sopra un breve tratto di cielo candido e bianco senza una nube, rischiarato da un sole ancora invisibile. Siamo già tutti avvolti e come fasciati dai rombi.

Ed ecco, d'un tratto, mentre il mulo s'è fermato qualche minuto a riposare in una svolta dell'asprissima strada a scaglioni che ci conduce, – ecco, d'un tratto, l'eco dei tre rombi è percorsa sopra la mia testa da un sibilo acuto, trillato, rapidissimo, punteggiato da due scoppi secchi: una granata; e subito dopo, quasi a risposta contro il sibilo, traversa tutta la gola la nota meno alta d'uno shrapnell, con altri due scoppi secchi.

Da allora lo scoppio dello shrapnell e quello della granata non si distinguono più; si distinguono i due canti: il trivellìo aspro e acuto di questa, il fluire meno acuto e quasi flautato di quello. Gli schianti ininterrotti sono come note d'un accompagnamento sempre più rapido: il boato dei cannoni più lontani fa come una larga armonia continua su cui si appoggia il movimento accelerato degli scoppi e dei sibili, che ora fendono tutta l'aria intorno, incrociando in venti direzioni le loro linee diritte come lame.

E il mulo sale, faticosamente, un passo dietro l'altro, uno scaglione dopo l'altro, e giungiamo a uno spazio ove la gola apre una veduta abbastanza larga sull'altra costa. Ivi, proprio sulla cima, piomba lo scoppio dei sibili e rompe dalla roccia il pennacchio nero e violento della granata che penetra ed esplode; e a mezz'aria, nella luce diafana del mattino già alto, sbocciano le nebulette degli shrapnells, azzurre col lembo rosa, verginali, e si dilatano, e i raggi obliqui del sole le dissolvono. Altre sono grige come di perla, altre candidissime; mettono una nota strana d'ingenuità di contro a quei maligni sputi neri che saltano dalle rocce, in mezzo al fervore crescente dei rombi, al lacerìo sempre più intenso dei sibili, al moltiplicarsi violento degli scoppi.

E noi montiamo; e lo specchio del cielo si fa più ampio e più fulgido sopra il nostro capo.

Ma in quello specchio appare un punto nero lontano, e s'avvicina ed ingrossa, e poi si fa chiaro, e prende forma, e mette l'ali, due ali morbide e svelte di libellula. Un grido si leva da tutte le bocche:

— L'areoplano! —

È un monoplano nemico, alto sulle montagne e sulle valli, bellissimo: color di rosa, venato lievemente d'azzurro.

Da tutte le rocce, da tutti i boschi, da tutte le cime attorno, che parevano mute e deserte, si leva un fitto e continuo crepitìo di fucileria. L'areoplano non se ne accorge, avanza ancora, pieno di maestà e di grazia, fa una volata larga nel cielo, volge a destra e scompare.

Non ha lanciato le bombe che aspettavamo. Forse ha fatto un segnale? Noi procediamo: ma pochi minuti dopo, improvvisamente, la sinfonia, che non ha cessato un momento, raddoppia d'intensità, si fa vicinissima, moltiplica le sue voci.

Le granate non esplodono più nella costa di contro, ma in cima a questa su cui stiamo procedendo sempre più adagio. La cresta scoppia di tratto in tratto e lancia giù una gragnuola di sassi sulle nostre spalle, le pietre più grosse vengono a balzare tra le zampe dei muli che si spaventano, anche la strada davanti e dietro noi lancia sputi neri di terra e di roccia. La strada risponde col gemito

lungo e bislacco dei muli imbizzarriti alle voci dell'aria e delle cime:
e gemiti, schianti, miagolii, boati, scoppi, sibili, rombi, bussi, ululati,
strappi, srotolar di nastri d'acciaio per l'aria, s'intricano in un crescendo maraviglioso d'armonia, incalzanti inebrianti frustanti: una
gamma enorme di suoni che gli echi delle montagne riescono a fon-
dere e lanciare come una voce sola contro il cielo già tutto invaso
dal sole.

Smontiamo e ci arrampichiamo, quanto più rapidamente è possibile, su per un canalone di ghiaia, per ripararci nel solo luogo
sicuro: una trincea.

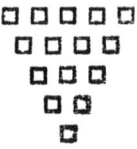

Ancora attorno al Freikofel

Ancora attorno al Freikofel

Tolmezzo, 16 settembre.

STENTO ad allontanarmi da questa regione brulla ed eroica, che dallo Zellenkofel al Pal Grande ha accumulato le più aspre difficoltà e per la difesa e per l'offesa; regione desolata, priva d'ogni fascino della terra e del cielo, senza messi nella valle, senza boschi alle cime, senz'alcun aiuto naturale all'opera dell'occupazione, e che segnò della nostra conquista prima il tratto forse più maraviglioso. Qui la prima conquista costò più che altrove: per ben due mesi dovettero combattere i nostri per prendere ed afforzare le cime che già in diritto appartenevano al nostro confine. E per due mesi combatterono e, che è quasi più maraviglioso, vissero, sotto la pioggia continua, in un terreno in cui la costruzione dei ripari era estremamente difficile, senza comunicazioni perchè queste strade furono costruite poi, allargando a carrareccia quella ch'era mulattiera, facendo mulattiera d'ogni sentiero da capra, scavando strade nei canaloni franati dalla vetta: ivi vissero e combatterono, conducendo su per quei dirupi non assalti isolati, nei quali l'impeto quasi ebro della prima mossa regge e spinge fino alla fine, ma serie ininterrotte d'assalti. Sul solo Freikofel se ne fecero sette, a baionetta in canna.

E può darsi che il lettore ricordi che altre volte gli ho detto qualche cosa di simile e si stanchi della monotona ripetizione. Ma la situazione è quella sempre, dappertutto, e non si stancano i nostri alpini – e i bersaglieri e la fanteria che appena posti là diventano degni alpini essi pure – e pazientemente riprendono quasi ogni giorno le azioni faticose e sanguinose. Il loro eroismo di fronte al pericolo è quasi meno ammirevole della loro resistente pazienza a una vita di quella sorte, che par non debba avere un termine mai.

□ □ □

Eccoli, guardia arcigna del passo di Monte Croce, eccoli là giù, il Pal Piccolo, il Freikofel e il Pal Grande, come li abbiamo visti da una cresta di Monte Crostis ove il prato s'è arrampicato ad altezze cui giunge raramente.

Lungo la cresta corre una trincea, ora abbandonata, onde mosse nei primi giorni l'azione. Appoggiandoci al parapetto della trincea come a un terrazzo di belvedere, lo sfondo delle cime austriache, dal Rauchkofel al Polenick e al Köderhöhe, irto di punte nitide e candide, ci abbaglia. Ma più vicini e più bassi Pal Piccolo e Pal Grande, fiancheggiando il Freikofel e facendo una stretta triade con esso, s'isolano, tristi, freddi, maligni: il Freikofel specialmente, tondo come un cranio, e calvo con radi capelli d'alberi magri e brulli che ne fanno apparire più tignosa la calvizie, e tutto d'un colore maligno di croste risecchite giù per i fianchi che dal cocuzzolo tondo scendono alla radice ripidi senza una piega senza una sosta.

L'ho riveduto dal basso, dopo avere ripiti faticosamente gli sca-glioni d'una gola angusta in cui piove sempre, anche nei giorni più quieti, qualche granata errabonda fischiata giù dal Köderhöhe. E di giù la sua crosta appare ancora più cattiva e maligna, corsa, dalla base alla sommità del cocuzzolo pelato, da un canalone di ghiaia: quello su per il quale gli alpini condussero i sette assalti imposses-sandosi della cima.

Ora sulle cime dei tre monti e sulle creste delle forcole che li congiungono e li distinguono, sono le nostre trincee, e a cinquanta, a quaranta metri, di faccia, di sotto, di sbieco, a seconda dei biz-zarri accidentamenti della roccia nel versante settentrionale, le trincee nemiche. I nostri e i loro sono a faccia a faccia. Si vedono, si par-lano, si uccidono.

□ □ □

Ho potuto visitare parecchie delle trincee che costituiscono tutto questo sistema – limitato a occidente dalla testata di Val Degano e a oriente da quella di Val But; – ed era appunto un giorno in cui s'era dovuto respingere uno dei frequenti attacchi che il nemico ri-tenta contro queste posizioni invidiatissime: il 14 settembre. I sol-dati hanno osservato che gli attacchi più aspri furono fatti il 14 di giugno, il 14 di luglio e il 14 di settembre: forse gli austriaci an-nettono a quel giorno il valore di una misteriosa cabala. Ma la ca-bala non ha mai valso per loro. Anche l'altro giorno, quando sono arrivato alle trincee, essi avevano già cominciato a cedere e a riti-rarsi. In realtà non s'erano nemmeno arrischiati troppo fuori dai loro ripari. Al solito, avevano cominciato, all'alba, con un intenso cannoneggiamento di tutto il settore, subito accompagnato da fitte scariche di fucileria dalle trincee, che, come ho già detto, sono in qualche punto a non più di quaranta metri dalle nostre. E poco dopo da qualche trincea qualche linea di soldati era uscita accennando ad avanzare: movimento più accentuato ove la trincea loro non era parallela alla nostra ed essi potevano quindi sperare nell'effetto di un fuoco d'infilata. Ma dopo pochi metri erano stati falciati, nè altri si arrischiarono dietro i primi. Continuò il fuoco da tutte e due le parti: fuoco di cannone e di fucile, perchè le artiglierie del Pölenich e del Köderhöhe proteggevano in avanti la loro azione, così come le nostre più alte proteggevano la difesa. Perciò le granate austriache che cercavano le nostre trincee s'incrociavano con le nostre che battevano sulle trincee nemiche; una specie d'infernale padiglione di sibili e di scoppi s'intesseva e s'incurvava sopra le opposte gragnuole della fucileria. Fortunatamente le nostre trincee sono in angoli morti rispetto ai loro tiri d'artiglieria e non temono l'arrivo diretto delle granate; d'altro canto sono così saldamente scavate nella roccia e così ben protette, sopra e dinanzi, dalle murature e dagli strati spessi dei sacchi, che lo scoppio dei proiettili anche a poca distanza ben raramente le offende. Ognuno degli attacchi che dobbiamo respingere rappresenta per noi una percentuale di perdite assolutamente irrisoria di fronte al logorìo continuo di forze del nemico.

□ □ □

Irrisoria.... La parola pare crudele a chi ha visto un morto. Vedere l'uomo, che poco prima stringeva un fucile e gridava una parola di vita impetuosa e sorrideva una sfida alla morte, fatto pochi minuti dopo inerte e solenne, recinto attorno dalla pietà commossa dei compagni – vi richiama d'un tratto, in mezzo a tanto tumulto di esasperata vita collettiva, a quel senso dell'individuo che l'aspetto della guerra aveva assolutamente abolito dalla vostra visione.

Ma il primo cadavere che ho veduto era austriaco.

Fu appunto da una di queste trincee. Spingendo lo sguardo di là da una feritoia, un momento in cui l'azione illanguidiva, nel breve tratto che mi separava dalla muta trincea nemica, scorsi, gettata bocconi in un anfratto della roccia, una forma semiumana, schiacciata contro il suolo come da un'antica intemperia che vi fosse passata sopra senza possibile rifugio. Potevano alle prime parere nulla più che vesti, dalle quali il vento, la pioggia e la polvere avevano tolto ogni definibile colore; ma un ondeggiare sotto di quelle mi vi faceva sentire entro la presenza delle membra, mentre pure avevo l'impressione che andando a raccogliere quella cosa essa mi si sarebbe sfasciata tra le braccia. Poi mi accorsi che un piede usciva di sotto, una mano di fianco, un piede e una mano fatti vicinissimi dalla deformazione del cadavere e dallo scorcio violento in cui la forma del suolo me lo presentava. E d'improvviso mi s'integrò nella mente tutto il corpo morto come doveva essere ridotto sotto i cenci scoloriti: appiattito, slogato, lacunoso: raccapricciante in quel tragico abbandono.

Anche invitati dai nostri a ritirare i loro cadaveri con la promessa d'una sosta nelle offese, non sempre gli austriaci si fidano, e rifiutano: — Se non tirate voi tiriamo noi — rispondono. E lo fanno davvero. C'erano tre cadaveri austriaci in quello stesso punto. Alcuni nostri soldati, non riuscendo a credere alla cinica affermazione austriaca, uscirono e corsero per adempiere essi all'ufficio pietoso. Ma gli austriaci mantennero la promessa e spararono. Tuttavia anche feriti i nostri riuscirono a raggiungere e raccogliere due di quei cadaveri e a portarli tra i nostri. Gli austriaci raddoppiarono il tiro tanto che un ufficiale dovette ordinare ai nostri di non uscire più e di abbandonare il terzo.

Ora quei due sono sepolti in un piccolo cimitero a valle della posizione. Nel luogo più riparato e sicuro i soldati italiani non hanno disposto una trincea, un ridotto, un appostamento, una sede di comando: ma il cimitero, in cui all'occorrenza dànno ospitalità anche ai nemici rifatti fratelli dalla morte. Rocce altissime lo proteggono, alberi radi lo adornano, file di crocette bianche con un nome e una data lo costellano, dandogli aspetto di placida aiola: aiola di gloria e di pietà. Vengono ivi ogni giorno, anche per un sol minuto, a salutare i morti; cercano di fare attecchire qualche fiore, sradicato dai dirupi, nella terra arida. I fiori attecchiscono e il vento dell'alpe li nutre, sotto il sibilare delle granate. I soldati, a capo scoperto e volti chini, guardano con affetto le tombe. E tacciono, finalmente. È la sola isola di silenzio e di meditazione in mezzo all'ondata impetuosa e fragorosa del loro ardore impaziente.

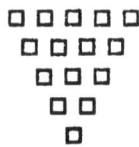

Il silenzio di Malborghetto

Il silenzio di Malborghetto

Chiusaforte, 18 settembre.

QUANDO i primi comunicati del Comando Supremo ci dissero occupate le testate di Valdogna e di Val Raccolana, abbiamo potuto credere che questa occupazione rientrasse semplicemente in quel sistema di prima rettificazione ed afforzamento del vecchio confine, che costituì il primo momento – rapidissimo – della guerra.

Invece Valdogna e Val Raccolana hanno rappresentato per noi qualche cosa di assai più che un lembo estremo di terra nostra da difendere.

Non alludo con questo all'opinione, abbastanza diffusa, che tra i piani d'invasione di Conrad fosse quello per Val Fella e per le valli, diramate come le nervature d'una foglia di vite, o, se più vi piace, come l'ossatura di una mano, che formano la caratteristica dell'angolo nord-orientale della Carnia e dell'Italia. Ragionare sopra piani d'invasione non posti in atto è cosa alquanto inutile e pazzotica.

IL SILENZIO DI MALBORGHETTO

Ma Valdogna e Val Raccolana hanno significato per noi Malborghetto. Malborghetto, chiave dell'alta Val Fella e con essa di Tarvis onde muovono diritte le due arterie più vive dell'Austria, fu uno degli obiettivi più tenacemente perseguiti e più utilmente raggiunti dalla nostra offensiva.

Ora Malborghetto tace, e il suo silenzio è dovuto alla sùbita sicurezza che la nostra azione primissima ha saputo dare alle più alte valli della Carnia orientale.

Prendere Malborghetto procedendo da occidente a oriente, a ritroso del corso dell'alto Fella, sarebbe stata impresa lunga, pericolosa, sanguinosissima, e tutt'altro che sicura.

Far tacere Malborghetto operando dal sud, dall'estrema nostra costa che dalle profondità di Valdogna sale fino alla cresta percorsa, parallelamente all'alto Fella, dal nostro confine, fu una delle idee più geniali fra le tante genialissime in cui si scompone e si complica l'opera del nostro piano di guerra. E la piena riuscita ne ha dimostrato luminosamente la genialità.

□ □ □

Valdogna era già tutta compresa nel nostro territorio, ma la testata, che giunge appunto alla linea di confine, dovè esserne conquistata e rafforzata i primi giorni di guerra. Perchè gli austriaci, che sapevano quanto fosse necessario in una guerra di questo genere essere padroni delle cime, avevano tentato d'impadronirsi di tutte le punte, non già allo scoppio della guerra, ma qualche ora prima. Noi sparammo la nostra prima cannonata la mezzanotte del 24, essi avevano sparato la loro prima fin dalle 18 del 23, e subito erano corsi a prendere le punte ove passava il confine, con sei ore dunque di vantaggio sui nostri.

L'irregolarità del procedimento non valse, chè da tutte furono ricacciati.

Valdogna dunque era nostra. Ma in un punto, in uno solo, essi erano rimasti, cioè nella forcella Cianalot, che scende dal costone a nord della Valdogna: posizione privilegiata in quanto rappresentava un occhio del nemico aperto su tutta la nostra valle. E per-chè ne sapevano l'impor-tanza l'avevano da tempo afforzata con trincee di cal-cestruzzo. Perchè il Cianalot fosse soltanto un occhio del nemico sulla valle e non si trasformasse anche in una strada per accedervi, i nostri alpini avevano occupato su-bito una costa diruta del  monte Pipar, che dal Cianalot chiude la valle fino alla testata, cioè alla sella di Som Dogna. E di là sorvegliavano il nemico. Al disopra del Cianalot, verso nord, si levano i due Pizzi, per i quali passa il confine, all'altezza di oltre duemila metri: e di essi il più alto, Pizzo Occi-dentale, era occupato dagli austriaci, il più basso dai nostri.

Così attorno alle trincee del Cianalot si stringeva una rete di vigilanze oculate dall'una parte e dall'altra; ma l'occhio nemico ri-maneva sempre aperto sulla nostra valle, e pareva impossibile acce-carlo, perchè appena occupato dai nostri il luogo si sarebbe trovato sotto la gragnuola delle granate che il Pizzo Occidentale non avrebbe mancato di rovesciare su di esso.

Ma questa guerra pare sia fatalmente disposta a dimostrare che nessuna impresa è impossibile all'ardire italiano. Il 30 di luglio, mentre da Granuda un attacco frontale si dirigeva contro il Pizzo austriaco, e una colonna da Forcella di Bielica accennava un'azione diversiva verso Lusnitz in fondo di Val Fella, allo scopo di attirare su di sè le riserve che avrebbero potuto essere impegnate a sostenere la difesa del nostro obbiettivo d'attacco, le batterie di Valdogna aprirono improvvisamente, tutte insieme, un fuoco d'inferno contro le trincee del Cianalot; un fuoco che durò parecchie ore, ininterrottamente; tutta la gamma degli spari, da quelli dei calibri maggiori a quelli dei minori, si rovesciò sui duecentocinquanta austriaci che tenevano la forcella, li assordò, li lasciò letteralmente storditi. Poi i nostri cominciarono ad allungare i tiri verso la parte più alta del monte, un po' più su delle trincee da occupare, sempre mantenendo altissimo il frastuono infernale: gli austriaci credevano che noi sbagliassimo il tiro e si stavano rannicchiati per proteggersi dai frammenti di roccia che rotolavano giù dalla cresta battuta; aspettavano che la tempesta passasse. Invece venne la folgore; con l'allungamento dei tiri i nostri non miravano ad altro che ad ingannare il nemico, a mantenerne il salutare stordimento, e a far luogo all'attacco diretto dei nostri alpini; i quali volarono su per il Cianalot, furono sopra ai nemici, e di duecentocinquanta che erano ne trafissero centoventi con le baionette e ne presero centosette prigionieri, prima che potessero risentirsi. Gli altri riuscirono a nascondersi tra i dirupi, senza difendersi. Tra i prigionieri fu il capitano, il quale appena si vide addosso quegli arditissimi cercò di precipitarsi al gabbiotto del telefono. Nel gabbiotto bisognava entrare carponi per un buco; egli v'era già dentro con mezza la persona, un alpino lo raggiunse e riuscì a prenderlo per una gamba; così tenendolo fermo recise con una forbice i fili del telefono, poi tirò fuori il capitano che strillava e insultava gli assalitori. A stento riuscì ai nostri ufficiali di trarlo dalle mani degli alpini. Fatto prigione e alquanto placato, egli stesso volle stringere la mano di quelli che l'avevano preso ed ebbe parole di ammirazione per la loro audacia.

Così avemmo a un tempo il Pizzo ancora austriaco e il Cianalot; fu chiuso per sempre l'occhio del nemico sulla importantissima valle, che continuò e continua ad afforzarsi di opere d'ogni sorta, e specialmente di strade. In pochi altri luoghi come in questa valle si potè ammirare la tecnica della guerra di montagna, in cui contemporaneamente occorre provvedere le strade provvisorie per armare e quelle definitive per il rifornimento. Il quale ora si compie in modo continuo e perfetto.

Sul Pizzo Occidentale i soldati vi mostrano ancora, con sguardi pieni di legittimo orgoglio, gli strappi chiari fatti nella roccia nera dalle loro granate.

□ □ □

Una delle vallette laterali di Valdogna è quella del torrente Montasio, che porta al Jof di Montasio, la cui cima tocca la quota di 2754 metri. Per la cima passa il confine, e tutto il monte era nostro. Ma al Jof di Montasio, che è pieno di caverne e di anfrattuosità, si accede per mezzo di corde metalliche dalla testata dell'austriaca Val di Seisera: e un piccolo drappello dei loro era riuscito una notte a raggiungere una di queste anfrattuosità dalla parte che guarda la

nostra valle, a incavernarvisi, a stabilirvi un osservatorio. Scivo-
lando in mezzo alle strettissime e dirute guglie in cui la cima si
frange, erano riusciti anche a collocare un filo telefonico che dal
detto osservatorio saliva alla cima, attraversava ivi il confine, e scendeva dall'altra parte, ove un apparecchio ricevitore accoglieva indistur-
bato il risultato delle osservazioni. Per parecchio tempo la giustezza
di certi loro tiri nella valle (e le case scoperchiate di alcuni di questi
paesetti ne fanno ancora testimonianza) dettero segno ai nostri del-
l'esistenza di un osservatorio da quella parte: ma non si riusciva
a individuarlo. I nostri alpini, restringendo sempre le ricerche, andarono ad appostarsi sul Jof di Miez, a duemila metri, in faccia a
quello di Montasio, nel versante meridionale del Dogna; di là finalmente scoprirono un giorno un austriaco che usciva dalla caverna
per le quotidiane osservazioni. Allora l'osservatorio fu battuto dalle
artiglierie, poi gli osservatori furono snidati dalla loro caverna,
vero nido di aquile, con un attacco diretto, e l'occupazione il
22 di giugno fu estesa alla imminente Cresta Verde, a 2634 metri di
altezza, contro la quale il nemico tentò poi più volte vani attacchi
notturni.

Ma il nemico conosce il valore di queste valli, e non potendo
più sperare di rimettervi piede, vi sfoga contro talvolta un poco di
inutile rabbia. Giorni sono un areoplano si presentò a cinquecento
metri al disopra del Montasio, percorse Valdogna, uccise un cavallo
con una bomba, arrivò fin sopra la stazione di Chiusaforte, e ne ri-
partì senza aver fatto danni di sorta. Era una giornata limpidissima
e calma, quali sono oramai rare tra questi monti: nei giorni comuni
un tentativo di questo genere non potrebbe essere fatale che per
l'areoplano stesso.

E sparano, ogni giorno, un po' a caso, colpi un po' d'ogni calibro, non più contro nostre batterie, che non possono più individuare, ma dove possono credere che abbiamo degli osservatori. In un giorno solo hanno sparato più di mille colpi.

Sparano, si spostano, sparano ancora. Hanno ancora due dei loro 305, che tuonano per una, due, tre settimane contro Valdogna: poi tacciono tre o quattro giorni, poi riprendono a tuonare contro Val Raccolana. Di dietro il Nebria tirano in Valdogna (in un giorno solo mandarono in direzione di Implanz settanta colpi); di dietro il Raukoff si accaniscono verso Val Raccolana, con i loro tiri uguali, uno ogni sei minuti all'incirca, cui i soldati e gli operai si sono abituati magnificamente.

Ma Malborghetto tace.

□ □ □

Tace Malborghetto, e tacciono i forti del suo sistema, da tempo. Il piazzamento delle grosse batterie contro Malborghetto fu compiuto il 12 di giugno; il primo colpo fu tirato dal generale Cadorna per augurio.

Il giorno dopo fu incendiata, con esplosione di depositi di munizioni, la parte alta di Malborghetto; il 13 esplose la parte bassa del forte Hensel; il 16 fu ruinata la cortina che unisce l'opera alta all'opera bassa di Malborghetto e le piazzuole dell'artiglieria scoperta; il 23 fu sfondata una cupola del forte Hensel; nuovi danni alle opere di Malborghetto furono ottenuti con azioni dei primi giorni di luglio; il 29 fu sfondata un'altra cupola del forte Hensel.

Ora Malborghetto tace. Gli austriaci lo hanno fornito di appariscenti cupole di cartone per ingannare i nostri sull'effetto dei tiri, ma il cartone non fa il monaco e quel cartone è oggetto di riso ai nostri allegri artiglieri.

Tace Malborghetto, ma parla ancora, dietro Malborghetto, il Nebria, parla ancora il Gugberg. La serie delle cime da prendere, delle valli da varcare, dei forti da smantellare, par che si rinnovi a ogni nuova conquista. Battute le opere permanenti, le cime all'intorno, che erano già nidi solitarii d'uccelli rapaci, e ieri posti di sentinelle avanzate o di osservatorii, diventano esse stesse forti. Le opere permanenti cedono il luogo alle batterie mobili, il lavoro d'individuazione deve rinnovarsi ogni giorno. Tutta la somma della guerra si restringe nelle pupille di pochi osservatori, che debbono ogni giorno scoprire una vampa nuova, minima, senza fumo, sortire da un crepaccio fino a quell'ora muto e cieco: e sanno che quella vampa è già pronta a spostarsi, sanno che domani dovrà rinnovarsi il lavoro di scoperta.

Così si cerca di moltiplicare l'azione dei tiri indiretti: alcuni di questi angusti e profondi incassamenti di montagne son diventati vere e proprie orchestre di artiglierie, disposte secondo la varia portata degli strumenti, pronte a un cenno direttoriale che scateni la sinfonia: i pezzi di maggior calibro in fondo alle valli: enormi gole di bronzo, piantate sugli affusti saldamente come lottatori incrollabili, sopra le piattaforme girevoli. A mezza costa i muscoli più svelti dei pezzi un po' minori, rintanati nelle caverne di cemento, confusi tra il color vario delle crepe e delle stratificazioni che striano e macchiano tutta la montagna e rendono impossibile a pochi passi distinguere con precisione un disegno o una forma; più su, in qualche conca che pianeggi nella costa del monte, batterie medie, coperte di frasche d'abete, boschetti ingannevoli che paion recessi di ninfe; più su ancora le batterie minime e più mobili, avanguardie snelle e leggiere del corteo, paggi dei giganti.

Da ultimo, al sommo, allo scoperto, l'uomo col fucile e la granata a mano, la trincea, la vita che va a braccio ogni minuto allegramente con la morte.

Allegramente. In quasi tutte le trincee c'è almeno un mandolino e una chitarra, e un giuoco di bocce.

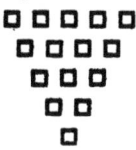

La città senza bandiere

La città senza bandiere

Udine, 20 settembre.

UDINE è oggi – estate autunno del quindici – la città più interessante d'Italia. Tutta l'Italia è intenta soprattutto qua. È la città più importante della nazione. Poi viene, forse, Roma, *caput mundi*. Ma prima Udine. Non il capo; è il pugno d'Italia, che tiene stretto il ferro con la punta oltre l'Isonzo e lo spinge sempre più in là. O, se preferite, che stringe le briglie della nostra corsa verso la vittoria. O quale altra immagine vi piaccia meglio; ma oggi non è tempo da immagini. E non è città da immagini questa. Piena di fatti, positiva, ferma, tenace, pronta.

Era una città del silenzio. Oggi è piena d'una vita nuova, tutta azione fragore rapidità. Ma l'anima ne è calma e silenziosa ancor oggi come prima.

È stata sicura sempre della guerra senza sentire la necessità di gridarlo troppo alto. È sicura oggi della vittoria e non una bandiera sventola dalle finestre de' suoi palazzi vecchi e de' suoi villini recenti. Vede passare a uragani i soldati verso il fronte così vicino, vede tornare i feriti, sa ogni giorno ogni cosa, tutti i particolari minimi di quello che è avvenuto là, a pochi chilometri; conosce gli eroismi innumerevoli, le difficoltà sanguinose, le fatiche, gli ardori di quelle torme – tra le quali son tanti de' suoi figli. E non un grido d'incitamento o di spavento, di dolore o d'ardore, si leva dal colle d'Attila verso il denso cielo friulano, verso le muraglie nere della Carnia che le troncano l'orizzonte lontano, verso le alture accavallate di là dalle quali sente tremare e sperare Gorizia.

Racconta un padre:

— Mio figlio è stato ferito ieri in un braccio, d'una palla di fucile. Due giorni prima un'altra palla gli aveva portata via di netto la visiera del berretto. Si vede che la sua ora non è ancora venuta. Tra quindici o venti giorni sarà guarito e potrà tornare al fronte. —

Racconta un altro padre:

— Dicono che mio figlio, essendo stato tra i primi a saltare in una trincea nemica, sia stato ucciso. Non ho ancora messo il lutto perchè non ho l'annuncio ufficiale della sua morte. —

E sono padri affettuosissimi. E so certo che in fondo al loro cuore è la tempesta. Ma ciò che è inevitabile, naturale, superiore s'impone subito al loro pudore, ai loro affetti, alla loro umanità di individui.

Il friulano è fatto così.

Ho visto nella campagna, a San Giovanni di Manzano ov'ero stato in primavera, contadini insolfar le viti mentre si sentiva rombare il cannone: " No, no, non è il tuono " dicevano rassicurandosi.

Quando scoppiò la guerra non ci fu esodo. Solo poche donne s'allontanarono, e ora sono tornate. E si noti che prima della guerra era opinione diffusa che non avremmo avanzato subito oltre l'Iudrio, ma che ci saremmo ritirati sul Tagliamento.

Il friulano è fatto veramente così: ma c'è anche un po' di curiosa e simpatica civetteria collettiva della città, che sente tutti gli occhi e i pensieri d'Italia fissi su lei, sa di essere " la città del giorno ", e non vuol mostrare di maravigliarsene troppo. C'è la gran guerra? " Se capisse ". Il pugno della guerra è proprio Udine? Ma è naturale: " po no ueglial? " – come dicono nel loro musicalissimo idioma. A Milano se qualcuno viene a raccontare il minimo episodio nuovo, o anche a riraccontare il vecchio, tutti gli si stringono attorno, sbarrano gli occhi, commentano, gridano " Viva l'Italia! ". Qui non mostrano nemmeno d'interessarcisi troppo. Tengon dentro; sorridono d'un mezzo sorriso tenero, pieno di sfumature. E non gridano.

E per tutta la città non sventola un solo tricolore.

Se gridassero, non si sentirebbe. C'è una voce che s'impone su tutte, con un frastuono continuo, che al primo scendere nella città vi sgomenta; ma dopo mezz'ora la sentite anche voi come se fosse la voce naturale del luogo: sbuffi enormi e palpiti di motori, fischi di sirene, tremuoto incessante dell'acciottolato e del lastrico sotto le automobili, le motociclette, gli autocarri, i camions, i trasporti di ogni genere, dai più veloci, che v'abbagliano e sfumano, ai più pesanti, che stritolano senza riposo il suolo della città senza bandiere.

□ □ □

Anche la chiesa s'è fatta per l'occorrenza una vita militare.

Tutte le domeniche c'è una messa speciale per i soldati, con predica eroica, di padre Semeria e di padre Gemelli, cappellani militari, alternatamente. La prima fu in giugno, nella chiesa di Sant'Antonio, annessa all'Arcivescovado. C'ero. Gremita di soldati: non più di due o tre borghesi, scivolati dentro contro l'ordine; non più di due o tre donne, ammesse per cavalleria: negli stalli del coro sedevano generali e altissimi ufficiali del Comando. Una messa – tra le pareti nude, in quel grigiore di uniformi avvivato appena dai varî colori dei colletti, illuminato appena dall'argenteo delle cento e cento stellette dei gradi – una messa breve, rapida, militaresca. E dopo la messa l'organo e i cantori intonarono l'inno di Mameli, e i soldati affollandosi all'uscita s'univano al coro. I muri stessi, e il monumento dei patriarchi Francesco ed Ermolao Barbaro, parevano maravigliati e commossi di quella novità miracolosa. – Da allora in poi fu sempre nel Duomo.

Anche fuori delle mura cittadine la vita della guerra vicina ci accompagna. Percorrendo i viali di circonvallazione intorno alla città si ha in qualche punto l'illusione che le sia stato messo l'assedio. Lunghissimi tratti dei viali sono orlati da una linea di tende da campo, ed è un vero accampamento, co' suoi bivacchi. In un largo prato i padiglioni candidi d'un ospedale da campo; in un altro un parco d'automobili; in un terzo d'areoplani; poi ancora le antenne i fili e le tende d'un impianto radiotelegrafico. Il colore caldo della paglia domina, penetra, tremola, un po' dappertutto. Più interminabili ancora delle file di tende, file di muli e muli, lungo le ville chiare; muli magnifici, da pianura e da montagna. E cavalli. È il frutto d'una requisizione immensa. I cavalli militari si distinguono a colpo d'occhio dai cavalli, diciamo così, borghesi. Quelli hanno pose più eroiche, scalpiti più impazienti. Questi sono dei buoni territoriali tranquilli, nitriscono meno alto, hanno nell'insieme qualche cosa di più sommesso e raccolto.

Come li capisco! Come si sente sperduto, solo, meschino, inutile, ingombrante, intimidito, il " borghese ", l'uomo in cravatta e paglietta, o magari anche in abito sportivo, qui in mezzo! Anche tra i carriaggi militari d'ogni genere vedo circolare modestamente per la città veicoli borghesi d'ogni forma e provenienza: carrettini siciliani, barrocci toscani, automobili d'albergo, d'alberghi d'ogni parte d'Italia. La circonvallazione è interrotta da nove porte, taluna delle quali ancora fiancheggiata da una torre bassa e quadrata. Molte sentinelle guardano ogni porta. Qualcuna guarda anche le lavandaie chine a sciacquar panni nella roggia: pare una cartolina illustrata. Unica nota malinconica di questo paesaggio, le fabbriche chiuse e silenziose: le necessità militari della regione non permettono che giunga qui in sufficiente quantità la materia prima. Ma nemmeno per questo il friulano mostra di commuoversi troppo.

□ □ □

No, non si ha l'impressione della miseria, neppure se cerchiamo di addentrarci nella vita cittadina penetrando l'immensa sovrapposizione militare. Come tutte le persone silenziose la città senza bandiere è provvida. Meriterebbe più parole che non ne possa avere quest'articolo l'organizzazione della preparazione civile, solertissima e fortunata nel raccogliere e distribuire fondi per i disoccupati e per le famiglie dei richiamati, nel curare gli interessi di queste, nel custodirne i bambini, nel distribuire libri e biancheria e notizie. Il contraccolpo della guerra sarà sentito il meno possibile dalla parte più povera di Udine.

Ma in questo momento c'interessano, nella città alle porte della nuova Italia, soprattutto le organizzazioni che hanno più diretta attinenza con l'azione militare. Quella degli ospedali anzitutto. Udine è, oltre il resto, come un grande ospedale di tappa.

Non dobbiamo immaginarci che ciò diffonda su essa un senso di pena, che essa ne sia divenuta come un luogo di dolore, donde la guerra si vede da vicino in quello che ha di più orribile e di più compassionevole.

Non è vero affatto. Per accorgersi che questa è una delle più vicine e maggiori tappe di feriti, bisogna pensarvi, e cercarli: tanto ne è saggia la distribuzione. E di feriti ce ne sono, e assai più si potrebbe ospitarvene: circa duemila e cinquecento almeno. L'ospedale militare centrale, il collegio Toppo Wassermann, l'ospedale civile con succursale nelle scuole di via Dante, il seminario arcivescovile, l'ex caserma Duodo: ecco, oltre i parecchi e modernissimi ospedali da campo, tutti luoghi destinati ai feriti e ai malati. Modello di tutti è riuscito il Toppo Wassermann. Era un collegio, fondato con un lascito privato di un milione da un irredento: ora – pur continuando a ospitare durante l'estate in due camerate una ventina di ragazzi che essendo di famiglie triestine non furon potuti rimandare a casa – ha ceduto gratuitamente tutti gli altri locali e l'intero personale di servizio all'autorità militare. Tutta l'organizzione e il personale del collegio, dal rettore al cuoco, sono rimasti, e sempre gratuitamente, a servizio della nuova funzione. Soltanto i medici sono militari; il servizio e la direzione fu assunto dalle dame della Croce Rossa, che qui funzionano egregiamente. Ho potuto vederne tutte le sale: quelle dei feriti gravi, dei leggieri, degli ammalati, degli infettivi, dei feriti prigionieri, delle operazioni. Non ho avuto, fin dal primo entrare, l'impressione stringente che fa l'entrare in uno dei nostri soliti ospedali civili. Non so se fosse la gran luce, l'aria circolante, la chiarezza delle pareti, la candidezza delle dame bianche con la croce vermiglia, o la serenità e spesso la giocondità dei volti dei feriti che vi erano ospitati, o il vedere vuoti almeno una metà dei letti disponibili e pronti. In mezzo a una sala c'era una grande tavola bianca, piena di fiori, di cristalli, di bibite multicolori, di dolci. In fondo un altare infiorato e bianco, per la messa; è mobile, lo trasportano un po'- in tutte le stanze.

Nessuno degli ospiti pensa a parlarvi della sua ferita; se glie ne domandate, dopo poche parole vi accorgete che egli ha già cambiato discorso. Parlano più volentieri dei fatti d'arme cui hanno preso parte: della conquista del Kuk, dell'ardua salita di fuoco alla Podgora, delle giornate tremende di Plava, del Carso desolato e violento, delle bombette che gli austriaci lanciano dalle cime dei cerri quando una loro trincea sta· per essere raggiunta dai nostri, che a poco a poco le raggiungono tutte. Quasi tutti hanno voluto tenere il vestito che avevano quando furono feriti, e vi mostrano lo strappo. I pochi feriti alla testa hanno il berretto sotto il guanciale: ve ne fanno esaminare con molta compiacenza gli squarci. Alcuni si tengono sotto le lenzuola una cartuccia austriaca, un pezzo di shrapnell, una pinza di cui il nemico si serviva per tendere i reticolati, altri ricordi. I più sono feriti ai piedi, alle gambe, alle mani. Un fiorentino di Borgo dei Greci, allegrissimo, aveva la testa e mezza faccia fasciata; aveva perduto un occhio. Poi m'accorsi che aveva fasciati anche un braccio e una mano. Mi spiega che siccome nello sparare si chiude un occhio, lui potrà benissimo tornare al fronte e sparare ancora. L'importante per lui era che guarisse presto la mano. Tutti hanno questo solo pensiero: tornare al fronte. C'è in ognuno come un senso di delusione che quella grande cosa cui si era preparato con tanto fervore, debba, per lui, essere finita così, dopo pochi giorni, in un momento, mentre c'è ancora tanto da fare per gli altri. E vogliono tornare. E molti torneranno. Guariscono rapidamente, non è avvenuto che nessuna ferita si aggravasse nei feriti portati dal campo. Non so se ci siano statistiche in proposito ma mi fa l'impressione che la percentuale dei feriti che riprenderanno il fucile sia enorme. Allegrissimo era anche un altro, che aveva una palla nella pancia. Quando non sono in posizioni pericolose, non le estraggono: così si cominciò a fare nella guerra russo-giapponese. Il mio ferito passeggiava nel cortile dell'ospedale, fumando. Diceva: – penso a quando gli austriaci non avranno più palle: e io che ce ne ho una delle loro qui dentro! – E si fregava le mani.

Uno aveva perduto un po' di materia cerebrale, e dell'altra, quasi un cucchiaio, avevan dovuto levargliene. Affermava che è un rimedio eccellente contro il mal di testa. Mai la vitalità magnifica della nostra razza mi è apparsa manifesta e rigogliosa come in quel luogo. Di tutta la razza, non di una regione sola, perchè questi sono montanari e pianigiani, toscani, meridionali, padani: un po' d'ogni luogo d'Italia.

La loro gaiezza si diffonde in tutto l'ambiente e soverchia di gran lunga l'angoscia di qualche grido che viene dalla sala operatoria e da quella dei feriti più gravi. C'è qualche cosa di sorridente dappertutto; parte dai letti, va alle infermiere e agli aiutanti, guadagna i visitatori che sono entrati timidi e spauriti. Nella sala dei feriti prigionieri ho visto un rumeno verdognolo, della Transilvania, che non sapeva parlare che la sua lingua. S'accingeva a mangiare. Ferito a una mano (la sinistra) non gli riusciva di spezzare con l'altra sola il pane e la carne. Allora una infermiera venne in suo aiuto e spezzò il pane. La cosa dovè parergli giocondissima, perchè si mise a ridere a squarciagola e ci volle un bel po' prima che potesse rimettersi tranquillamente a mangiare.

M'hanno detto che in generale non arriva all'ospedale nessuno completamente sprovvisto di danaro : le venticinque o le trenta lire almeno le hanno tutti. Uno, un decoratore toscano, aveva un libretto di deposito del Banco di Siena con mille lire. ..

A chi interessasse qualche altro dato sulla organizzazione ospitaliera di Udine, posso ricordare anche l'eccellente gabinetto radioscopico municipale diretto dal dottor Giuseppe Murero, che si presta gratuitamente per l'esame radioscopico dei feriti in guerra ; e della privata casa di cura del dottor Cavarzerani, ospedale chirurgico, che ha fatto col Governo un contratto sul genere di quello dell'Ospedale Civile.

In quest'ultimo i feriti sono curati sino a guarigione completa : dagli altri son fatti procedere verso i maggiori centri ospitalieri appena sieno sicuramente trasportabili.

Non posso abbandonare questo argomento senz'aver ricordato una figura popolarissima qui in Udine : quella della signora Adele Luzzatto, che, settantenne, presta servizio al Toppo come dama della Croce Rossa, per otto, nove, dieci ore al giorno, con un' alacrità e serenità che sono di sprone e di ammirazione per tutte le altre : con quella stessa alacrità, con cui ha curato i feriti del sessantasei.

□ □:□

Più dei feriti dànno una dolorosa impressione i profughi.

Merita un rapido sguardo l'organizzazione dell'ospitalità data ai profughi delle terre irredente. Il 21 di maggio, cioè tre giorni avanti lo scoppio delle ostilità, cominciarono ad affluire a grossi gruppi i regnicoli che prima erano stati trattenuti dall'Austria e poi ceduti; il comitato costituitosi allora sotto il nome di " Delegazione per l'assistenza dei profughi " li ha fatti rimpatriare.

Due giorni dopo il principio della guerra cominciarono ad arrivare anche cittadini austriaci dei paesi che a mano a mano si venivano occupando, e di quelli vicinissimi alla linea del fuoco: in tutto circa tremila. Di questi soltanto il cinque per cento di uomini: inabili in ogni modo alle armi, e qualcuno di novanta, novantadue e fino novantasei anni. Ne ho visto uno ch'era stato ferito in Galizia combattendo contro i russi, e la guerra d'Italia lo aveva sorpreso mentre stava in cura, a casa sua. Venivano a gruppi di cento o duecento: il massimo degli affluiti in un giorno fu di mille cinquecento.

Il comitato di Udine ha disposto per alloggiarli varî locali: il Ricreatorio del Carmine, il Patronato Femminile, la Palestra di Viale Venezia, la Sala Olympia nella frazione suburbana di Paderno (per i soli slavi questa). Appena arrivano hanno latte e pane. Poi il governo passa loro buoni per pranzo e cena quotidiani álle Cucine Economiche: ai bambini e ai vecchi si continua la distribuzione di pane e latte. A tutti è cambiata ogni due giorni la paglia, e hanno visite mediche continue. Uno speciale comitato di signore si occupa dei bambini ammalati. Tutti poi sono sorvegliati perchè non entrino in città e non si avvicinino troppo agli estranei, e questo per espresso ordine del Comando militare. I casi, tutt'altro che frequenti, di morbillo e d'altre malattie infettive, sono immediatamente isolati.

Si trattengono in Udine per due, tre, quattro giorni; poi sono mandati a Firenze, a Siena, a Lucca, a Novara, a Benevento. Ai più sprovvisti si dà anche, quando ripartono di qua, un po' di denaro; son fatti viaggiare in carrozzoni di prima o di seconda classe, con tutte le possibili comodità. Ma non tutti sono sprovvisti. Uno di loro possedeva mille corone. Alcuni si erano portati i loro animali e masserizie, specialmente sacconi: giunti qui hanno vendute le bestie, con l'assistenza del Comitato.

Questi che sono venuti a Udine erano dei paesi oltre l'Iudrio, fino a Gradisca: di Lucinico (e non tutti sanno la sorte toccata al loro paese), di Fratta, di Gradisca, di San Floriano, di Mossa, di Caprivi, 'di Cormons. Dai paesi al sud di Gradisca hanno fatto invece capo a Cervignano, donde furono mandati direttamente a Firenze.

Sono stato qualche ora tra i profughi ospitati al ricreatorio del Carmine. È una vasta sala con un teatrino, molto chiara e arieggiata. Tutt'intorno i letti, così nella sala come nel teatrino. Quanti bambini! Nulla di quanto può vedersi in questi luoghi e in questi giorni, non le donne abbandonate non i feriti non i profughi non i disoccupati, dà il senso di pena che dànno questi bambini, soccorsi nutriti curati, ma spauriti, con grandi occhi spalancati che vedono e non intendono. La cosa più penosa della guerra è vederla riflessa nei bambini e a stento riusciamo a consolarci pensando che la combattiamo per loro, per l'altra generazione. Tutto quello che di più grande e di più nobile si fa nella vita dell'uomo, si fa per l'altra generazione: quella a cui dobbiamo – e non possiamo mai compensarla abbastanza del beneficio – il senso sicuro della nostra continuità, unico rimedio contro la disperazione della vita che passa e della morte che ci aspetta.

Donne e bambini salgono e scendono per la scaletta che dalla sala conduce al palcoscenico. Dall'uno e dall'altro lato della bocca di scena due vecchi avvisi ammoniscono:

" È assolutamente vietato l'ingresso a chi non appartiene alla scena ".

□ □ □

Come scende la sera, l'impressione di tumulto si frange in cento sensazioni minori, la vita unica che pervadeva la città pare interrompersi nelle plaghe d'ombra, ombra in cui è proibito accendere lumi. Allora nasce intorno a voi il frammento e l'episodio.

Ecco un gruppo di boy scouts con la camicia verde e l'ampia falda: si son resi utilissimi facendo da fattorini e da guide infaticabilmente da mattina a sera, vediamo già in loro la bella Italia di tra dieci anni. Scompaiono, al passo, in una via stretta già tutta guadagnata dalla tenebra. Piazza delle Erbe è ancora tutta odorante di spigo. In piazza del Duomo un tumulto maggiore: l'assalto quotidiano dei soldati alle rivendite dei giornali.

È un'ora che pare di riposo: vi si possono cogliere piccole impressioni di gaiezza, meglio che nelle altre ore del giorno. Fermiamoci, per esempio, vicino a qualche buca per le lettere. Le buche sono tutte a due a due: nell'una è vietata la impostazione ai borghesi, nell'altra ai militari. Il divieto è scritto a lettere di manifesto sulle buche, ma a buon conto ognuna è guardata da un carabiniere. Si avvicina un soldatino con una lettera da impostare, fa per metterla nella buca a lui vietata. Il carabiniere lo ferma: — Qui non possono impostare che i borghesi. — Allora il soldatino si guarda attorno, vede un borghese, e porgendogli la lettera lo prega candidamente:

— Mi farebbe il piacere di imbucarla? —

Il borghese eseguisce, il soldatino (certamente è un volontario!) è tutto felice, il carabiniere sorride. E io penso con soddisfazione che un italiano non sarà mai un tedesco.

Ma sono episodi minimi, piccole monellerie di un popolo geniale. Mi fanno accorgere di una cosa importante: che questa vita piena di limitazioni, senza telegrafi, senza telefoni, senza libertà di circolazione, ricca di censure, sotto la scrupolosa sorveglianza delle autorità, non per questo dà al privato un senso di peso, di legame, di dispotismo. Troppo è comune e concorde l'ideale da raggiungere, perchè il senso della libertà individuale sopravviva.

E nell'aria continua la pioggia di viole del vespero. Faccio un saluto malinconico alla statua della pace di Campoformio – un dono di Napoleone – e salgo su per la collina che i soldati d'Attila, dice la leggenda ancor viva nelle campagne, costruirono portando ciascuno pieno di terra il proprio elmo, e dond'egli, il vecchio buon tedesco, contemplò l'incendio di Aquileia. Sfuma il vasto orizzonte delle montagne carniche piene di punte e di movimento, delle Giulie, rigide monumentali muraglie. Sopra il nostro capo vigilano dall'alto le vedette anti-aeree.

Andiamo a cena. Troveremo una trattoria cordiale, del tipo della trattoria di campagna, ove si può stare all'aperto in una terrazza che guarda la Roggia. V'incontreremo brigate di volontari, quasi tutti irredenti, istriani e dalmati (quanti dalmati incontriamo tra le file dei volontari!), allegri come collegiali, ardenti dell'ora grande che li aspetta domani e cui hanno voluto concorrere, vincendo già prima una lunga battaglia d'audacia e d'astuzia per isfuggire alla rete terribile che voleva trattenerli.

LA CITTÀ SENZA BANDIERE

Una fanciulla con gli occhi color grigio-verde m'insegna una villotta friulana:

> *Se saviesis, fantacinis,*
> *ce che so penis d'amor!*
> *E' si mur, si va sotiare,*
> *e ancimò si sint dolor....*

Soltanto domani il rombo del cannone, che qualche volta nelle albe silenziose giunge chiarissimo da oriente, ci ricorderà che poco lontano continua la bellissima guerra nostra.

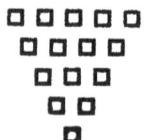

Alto Isonzo

Alto Isonzo

Caporetto, 22 settembre.

IL lettore è impaziente d'arrivare all'Isonzo, al grande teatro orientale ove la guerra assomma i suoi sforzi più poderosi, ove la mèta diretta è Trieste.

Ma è necessario che egli sopporti di qui innanzi una lettura che forse parlerà meno delle precedenti alla sua fantasia, soddisferà meno il suo desiderio di quadro e di colore. La parte pittorescamente più caratteristica e nuova della nostra guerra è la conquista dell'alta montagna, della quale egli ha avuto qualche visione. Ora, in quello che sinteticamente può chiamarsi la battaglia dell'Isonzo, il tratto che riguarda Monte Nero ripete i caratteri della guerra di montagna che più volte abbiamo tentato di rappresentare parlando della nostra conquista nel Trentino, in Cadore, in Carnia; quanto al resto, qui appunto, ove la guerra tende al suo obiettivo, se non principale, più popolare, e raggiunge il massimo d'intensità di vigore e soprattutto di complessità, – mi sembra utile che esso lettore cerchi piuttosto d'intendere il collegamento dell'azione conquistatrice, che non di distrarsi nella contemplazione di alcuni quadri di bellezza guerresca. Per ciò è necessario ch'egli tenti soprattutto ricercare con pazienza qualcuno di quei lineamenti geografici e topografici che formano lo scheletro dell'azione strategica: azione serrata, snodata, ferrea di logica precisa. L'insieme di questa ricerca e di questa considerazione gli sarà, spero, fonte di un senso di bellezza e di ammirazione più raro e più nuovo che non quello che può suggerire la guerra veduta, come spesso l'abbiamo veduta fino ad ora, attraverso un seguito di sensazioni che tendevano ad isolarsi dalla logica che le concatenano.

□ □ □

Da Sella di Nevea (alla testata di val Raccolana) si discende, per un sentiero di montagna in mezzo all'abetaia, e poi per una diruta carrareccia, fin sopra il lago Raibler: le strade sono due, una per l'inverno, e una per l'estate, protetta dalle valanghe: di grande importanza militare in quanto servono al collegamento del forte di sbarramento del lago con i forti Predil e Hensel, alla Chiusa di Plezzo.

Passato il forte di Raibler, si giunge sulla strada Raibler-Plezzo, che piega a sud, tagliata nel fianco della montagna, e passa un po' sulla destra e un po' sulla sinistra della valle della Koritnica. A un paio d'ore di marcia da Plezzo, la valle, che fino allora s'era alternata di faggi e di abeti, sparsa di case di carbonari, comincia a restringersi rapidamente, fin che s'incassa in una gola strettissima, profondissima, orrida, superata da un obliquo ponte di legno; entra in una piccola galleria, ne sbocca improvvisamente sulla vallata di Plezzo. Questa vallata, in forma di conca, è costituita dalla confluenza della Koritnica con l'Isonzo: quasi al confluente sta il piccolo borgo, slavo, sudicetto, che dà il nome alla conca. Il suolo presenta un aspetto di varia ubertà, raro a quelle altezze: vi alligna perfino la vite. Da una parte la chiude maestoso il Rombon (alto 2200 metri), e lontane le cime del Canin e del Jof di Montasio: dall'altra parte biancheggia-no alcuni dirupi di Monte Nero.

Questa, per chi tenesse a saperlo, è la conca onde i Turchi, verso la fine del secolo decimosesto, sbocca-rono nella Patria del Friuli.

A sud la conca riprende a restringersi in valle: è la valle dell'Isonzo, e la strada la segue fino a Saga.

Veduta da un colle die-tro Saga, cioè dal sud-ovest, la conca ha un aspetto più tranquillo. Oltre il Rombon vediamo addensarsi attorno alla valle le moli dello Svi-niah e del Banjrki Skendenj, e proprio nel mezzo della conca bian-cheggia il campanile di Plezzo, ora diroccato e quasi dimezzato.

Perchè la placida e ubertosa conca è tutta recinta d'opere di guerra, e vi si è combattuto, in questi tre mesi, a più riprese acca-nitamente.

In un primo periodo della guerra la Conca di Plezzo ha rap-presentato una riserva di forze austriache, ed è stata considerata soprattutto nei riguardi del valore che tali riserve avevano contro la nostra occupazione dell'alto Isonzo. Da Plezzo poterono salire l'11 di giugno i sei battaglioni austriaci e le mitragliatrici che tentarono di prendere alla rovescia le nostre truppe della regione del Monte Nero, aggiramento sventato, diceva il comunicato, " dalla valida resistenza e dalla rapida manovra dei bersaglieri e degli alpini ": uno dei più fulgidi episodi del poema del Monte Nero. E il campo nemico, che in quella regione la nostra artiglieria batteva tre giorni dopo, fuggiva verso Plezzo e ivi si rifugiava. Per completare e rafforzare la nostra occupazione della zona del Monte Nero, dovemmo, il 20 di giugno, impossessarci di tutte le posizioni che dominano le provenienze da Plezzo.

Non bastava: il 24 di giugno da Monte Nero ampliammo la nostra occupazione verso nord fino a raggiungere le pendici orientali del Javorszcek, che digradano appunto verso la Conca di Plezzo chiudendola a sud-est, e di là cominciammo i nostri tiri contro la Conca stessa: il primo di luglio prendemmo il **Banjrki Skendenj**, che la domina da nord-ovest; il giorno dopo incendiammo con granate, a due chilometri a est di Plezzo, il villaggio di Koritnica, ove i nemici tenevano i maggiori depositi di materiali e di viveri.

Queste operazioni preparatorie stringevano così compiutamente e così da presso la posizione, ch'essa finì col cadere presto del tutto nelle nostre mani. L'azione che condusse al possesso di Plezzo fu, circa a mezzo agosto, triplice. Una nostra colonna mosse dal costone di Monte Nero discendendolo fino alla valletta che ne divide il lembo dal Javorcek: un'altra da Saga salì verso Plezzo; intanto una terza da sella di Nevea manteneva un'azione dimostrativa. Gli austriaci di fronte alla seconda di dette colonne si ritirarono rapidamente, rifugiandosi sul Rombon, che avevano organizzato difensivamente. La colonna di alpini che moveva al Javorcek vi aveva trovato uno sbarramento, e ne aveva conquistato alla baionetta una trincea; la colonna dei bersaglieri era partita da Saga; s'era trattenuta sull'altura che domina immediatamente Plezzo, mandando all'occupazione le sole pattuglie.

Plezzo ora è libera dal nemico, ma non può ancora essere tenuta da noi perchè la batte il Rombon, ove, come ho detto, si rifugiarono gli austriaci ritirandosi dalla Conca. Sulla cima essi vi hanno ancora degli osservatorii; non tengono però tutto il monte, perchè le nostre truppe vi stanno già con le trincee a mezza costa.

Dopo lo sgombero del paese, le azioni parziali intorno alla località furono frequenti. Il 21 di agosto le nostre truppe ripresero l'offensiva e raggiunsero la linea Pluzna-Cezsoca, mettendosi a più stretto contatto con la Conca, restringendo l'accerchiamento iniziato con l'azione di pochi giorni innanzi verso Javorcek.

Il 26 gli alpini prendevano altri trinceramenti sulla costa meridionale del Rombon. Dopo altri due giorni le nostre artiglierie, con tiri aggiustati contro la valle Lepenie, erano riusciti ad arrestare completamente il transito nemico lungo la rotabile dell'Alto Isonzo. Il nemico tentò invano, i giorni seguenti, di indebolire le nostre posizioni alle falde del Rombon con fuoco di artiglieria e fucileria, mentre lanciava inutili granate incendiarie su Plezzo: come inutile era stato un suo precedente tentativo per valle Slatenick: come inutile riuscì un terzo per valle Koritnica. Anche dal Predil una colonna nemica tentò di muovere verso Plezzo, ma i nostri cannoni l'obbligarono a retrocedere. Così gli austriaci tentavano uno dopo l'altro tutti gli accessi, forse più per riconoscere lo stato delle nostre difese che non per speranza di riprendere la posizione. Le posizioni a oriente del vallone dello Slatenik furono tentate novamente la sera del 10 settembre. I nostri ebbero il sangue freddo di lasciar accostare il nemico, e solo quand'esso fu vicinissimo gli si scagliarono contro alla baionetta e lo misero in fuga dopo una violenta mischia.

Allora fu la volta nostra di attaccare: e attaccammo, il 13 di settembre, le posizioni nemiche del versante orientale della conca, in terreno asprissimo, incontrando una resistenza accanita, sostenuta da numerose e potenti artiglierie; i nemici lanciarono anche bombe asfissianti e liquidi infiammabili.

Esso versante orientale è costituito dal massiccio del Javorcek e dallo sperone dello Svinjah: tra essi scende impetuoso l'Isonzo. Il nostro attacco portò a sensibili progressi sull'alto contorno della conca, cioè sul ciglio del Javorcek.

Uno degli ultimi bollettini, quello del 18 settembre, ci comunica che, compiuto oramai l'assetto difensivo delle posizioni conquistate, fu ripresa l'offensiva lungo tutta la fronte d'attacco, " dalle aspre balze del Rombon agli insidiosi pendii boscherecci del Javorcek e alle nude rocce del Lipnik ". In tutto il fronte l'attacco riuscì ad avvicinarsi alle linee nemiche, ad aprirvi brecce, e per una di queste, sul Javorcek, a prender trinceramenti, a far saltare fortini, a occupare osservatorii.

Ora la lotta di fucileria e di bombe a mano continua, fra le trincee vicinissime, come continuerà probabilmente la serie degli attacchi e dei contrattacchi. Troppo è importante la conca per tutto l'insieme della nostra offesa, per tutto l'insieme della loro difesa. Pensate. La stretta di Plezzo conduce, per il passo del Predil, a Tarvis, nodo da cui si dipartono due delle arterie principali dell'Austria.

L'opera della Conca di Plezzo su Tarvis deve continuare e avanzare quella delle alte valli carniche orientali su Malborghetto. Nello stesso tempo la Conca di Plezzo regge tutto il settore del Monte Nero e dell'Alto Isonzo. Essa è il nodo o il pugno in cui si stringono le due vie della nostra guerra: quella settentrionale che minaccia la vita del nemico nel suo cuore, quella orientale onde l'Italia redenta move verso le plaghe più vive dell'Italia da redimere.

□ □ □

Ma la guerra dell'Alto Isonzo si compendia, si concentra, s'impersona, si stringe e accavalla più dura più solenne più grandiosamente eroica che intorno ogni altra vetta, intorno a Monte Nero; il Monte Nero, che domina Tolmino, nodo di tre strade di straordinaria importanza: quella a nord che per il Predil congiunge val d'Isonzo a val di Sava, quella che verso oriente conduce a Lubiana, quella che a mezzogiorno scende a Gorizia.

Salendo (attraverso alcuni ombrosi, sassosi, malinconici, sudici e pur non sgradevoli paesetti slavi, ora quasi del tutto sgombrati di popolazione civile) a qualcuna delle alture che da Caporetto in giù si inarcano parallelamente al nostro vecchio confine – più in qua – e alla grande curva del medio Isonzo – più in là – al passo di Zagradan, per esempio, o a Jeza, o al Korada, ecco Tolmino, con le sue grandi caserme bianche e il ponte fatale, e l'Isonzo, striscia verdissima come ritagliata da un favoloso oltremare e disposta sopra un ghiareto candido che la margina, all'una e all'altra riva, lungo tutto il suo serpeggiamento. La vista è dominata a sinistra, in una lontananza misteriosa, dalla fronte ossuta e scabra dell'enorme massiccio di Monte Nero, elevato sopra tutto il giro dei monti che segnano la riva sinistra del fiume e vi digradano dolcemente, mentre dall'altra riva lo stringono da presso ripidissimi.

Le nostre truppe risalirono il Natisone, passarono il confine, e per Creda si irradiarono verso il costone del Polenik. Intanto (siamo

ai primissimi giorni della guerra) altri reparti hanno occupato Caporetto, e anche di lì muovono verso il monte. Ma appunto allora il mal tempo impedì di procedere subito all'assalto del colosso, una nebbia ogni giorno più fitta impediva le osservazioni, le piogge continue gonfiavano l'Isonzo che straripava e distruggeva i ponti destinati al passaggio; tutte le strade di accesso erano diventate torrenti, ogni crepa del monte, ogni anfratto, eran fatti ruscello fangoso o pozzanghera. Così il nemico ebbe tempo di guarnire la posizione di trinceramenti formidabili e di truppe fresche e di artiglierie multiple, mentre allo scoppio della guerra il luogo pare fosse in mediocri condizioni di resistenza. I nostri aspettavano il momento propizio e intanto in quotidiani episodi di pattuglie lo tentavano, lo limavano con frequenti prese di prigionieri, ne assaggiavano la resistenza. Il 31 maggio fu cominciato l'attacco con l'assalto al forte di Pleka, alle radici sud-occidentali del monte.

La nostra fucileria combatteva contro le mitragliatrici, cui s'aggiungevano grossi reparti d'artiglieria appostati nel versante opposto del monte.

Per un momento la sorte parve decisa contro di noi, e gli austriaci uscirono dai forti. Ma intanto gli alpini girando attorno alla montagna su per il sentiero da Spilka a Zaslap, ne avevano raggiunto i più alti dirupi, e calatisi da quelli con corde attaccarono alle spalle il corpo austriaco e lo distrussero, alcuni uccidendone alla baionetta, altri precipitandone giù per le fosse, molti prendendo prigionieri: Pleka fu nostra.

Da Pleka due giorni dopo la fanteria attaccò la vetta del Monte Nero; intanto dal sud i bersaglieri e altra fanteria mossero contro la cresta del Mrzli, sentinella avanzata del massiccio verso Tolmino. Partiti verso sera da Luico attraversarono l'Isonzo e la Libussina, occuparono Salisca e Versno, e poco di poi, sul far della notte, raggiunsero il nemico riparato in trincee blindate: vegliarono tutta la notte silenziosi tra le rocce, e la mattina ingaggiarono la lotta, quell'accanitissima lotta nella quale cadde il colonnello Negrotto. Alpini da una parte, fanteria e bersaglieri dall'altra, presero in mezzo il nemico, lavorando di baionetta; la sera avevano conquistate cinque linee di trincee. La lotta continuò i giorni seguenti per l'allargamento e il rafforzamento della posizione. Fu allora, 11 di giugno, che il nemico tentò quell'aggiramento del monte dalla parte di Plezzo, di cui abbiamo già fatto cenno. La notte sul 16 ebbe luogo un'azione di una particolare importanza. Lungo le balze che s'appoggiano da settentrione alla vetta principale di Monte Nero, il nemico era riuscito a disporre appostamenti: le nostre truppe alpine ebbero l'incarico di snidarli. La notte scalarono le rocce, e all'alba compirono, sotto l'intenso cannoneggiamento, l'assalto, reso più che mai difficile dalle posizioni dominanti degli assaliti. L'attacco ebbe pieno successo: gli appostamenti furono distrutti. Il comunicato che il 16 giugno ne dava notizia, annunziava ch'era stata accertata fino a quel momento la cattura di trecentoquindici prigionieri tra i quali quattordici ufficiali: ulteriori accertamenti permisero al comunicato seguente di elevare a seicento la cifra dei soldati e a trenta quella degli ufficiali.

Nel pomeriggio di quel giorno stesso un battaglione ungherese proveniente da Planina Polje (a nord-est del monte) girando tra il Wrsik e gli estremi contrafforti orientali del Polenik, pronunziò un violento attacco contro la nostra posizione di Za Krain: fu contrattaccato e annientato. Il 21 un nostro battaglione di alpini si incontrò per la prima volta con rilevanti forze alpine giunte dalla Galizia, e le attaccò, respingendole e decimandole.

Attacchi, contrattacchi, azioni parziali d'artiglieria, di fucileria, di corpo a corpo, continuano, quotidiane, a mantenere il nostro fronte e permettergli di fortificarsi. Così s'arriva all'11 di luglio. Nella notte dell'11, approfittando dello scatenarsi d'un furioso temporale, gli austriaci tentarono un attacco di sorpresa contro le nostre posizioni. Ma i nostri non si lasciarono sorprendere: alla scalata dei nemici rispose pronto l'allarme dei nostri alpini; s'impegnò una lotta furiosa, su picchi a duemila metri, tra il lampeggiare del cielo e il tonare dei cannoni, sotto la pioggia a rovesci che trasformava in torrente ogni ruga del monte che scatenava una cascata giù da ogni crepa. Lo scoppio delle granate si mescolava al folgorare delle baionette. Gli assalitori furono distrutti, col piombo, con le lame, con lo scaraventarli giù dai burroni precipitosi.

Per parecchi giorni la situazione rimase invariata, sebbene il nemico, con rapide irruzioni notturne e col tempestare delle artiglierie grosse, tentasse continuamente di logorare le nostre forze, d'impedirne il consolidamento, e soprattutto di obbligare le nostre batterie a scoprire, con la vampa dei tiri, le proprie posizioni. Ma nella notte è quasi impossibile individuare le batterie, perchè la vampa appare sempre di parecchio più alta del suo luogo reale.

Intanto procedeva la nostra lenta avanzata lungo la cresta di Luznica, sebbene il nemico, specialmente nel triplice accanitissimo attacco del 24 luglio, tentasse di attaccare quelle posizioni. La lotta continuò i giorni seguenti tra la nebbia fitta che saliva dalle vallata, tranquilla e idillica sotto quella tempesta di fragore, di gloria e di morte.

E continua ancora. Ogni costa, ogni cima, ogni incavo del massiccio, rappresenta della nostra conquista l'episodio d'un episodio, ma vale di per sè tutto un poema. Meriterà, per esempio, una sua storia particolare la occupazione di quella Mrzliwrh (Cima Fredda) che, come ho già detto, è la sentinella avanzata di tutto il massiccio verso mezzogiorno. Merita il suo nome: vi nevicava assiduamente fin dall'agosto, sebbene essa non superi i 1360 metri d'altezza. La conquista dev'esserne condotta per tutti i versanti, e procedette e procede tra numerosi casi di assideramento. Non ha che un accesso: un canalone ripido, strozzato, sdrucciolevole, dall'alto del quale il nemico saluta con le mitragliatrici chiunque ne tenti la scalata, già ardua e faticosa nelle migliori condizioni. Ma i nostri l'aggirarono, l'assediarono; e l'assedio dura ancora, sempre più stretto, più soffocante, da Caporetto e da Luznica, come una lenta tenaglia che si chiude e stritola.

La lotta continua, e sotto il monte tempestoso, Tolmino, bianca con le grandi caserme davanti al nastro smeraldino del fiume, già sgombra di nemici, aspetta ancora che sia possibile l'entrata dei nostri.

Ma gli effetti dell'avanzata nel massiccio di Monte Nero, già si son fatti sentire in modo straordinariamente efficace sopra tutta l'ala destra della grande azione che va dalla conca di Plezzo al mare. Col darci una posizione dominante sulla riva sinistra dell'Isonzo, la conquista di Monte Nero ha ridotto a semplici posizioni difensive quelle che potevano diventare una forte testa di ponte austriaca sulla sinistra dell'Isonzo; ha permesso, attraverso le battaglie del medio Isonzo, la grande azione d'avanzata dal basso Isonzo su per l'altipiano carsico: azione e avanzata che segnano la pagina più recente e più gloriosa della nostra impresa.

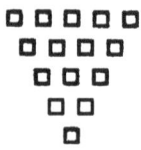

Medio Isonzo

Medio Isonzo

Cormons, 24 settembre.

PER qualche tempo, nei primi mesi della guerra, l'attenzione del pubblico s'appuntò specialmente su Tolmino; più tardi si volse a Gorizia, aspettandone con indicibile ansia l'occupazione.

Tolmino e Gorizia non sono più tenute dagli austriaci, ma non sono ancora occupate dai nostri. Ed è necessario che il pubblico si persuada che l'occupazione delle città, se si presta, con le entrate sonore delle truppe vittoriose tra le popolazioni liberate, a belli entusiasmi poetici e a vive commozioni d'amor patrio, ha militarmente un valore molto relativo. La conquista d'una altura modesta, operata da pochi reparti di alpini, è quasi sempre infinitamente più travagliosa, eroica ed efficace, della entrata di reggimenti a bandiere spiegate in una città festante. Passò inosservata ad una gran parte del pubblico l'occupazione della quota 383, ma il pubblico si commosse leggendo, i primi giorni della guerra, che i soldati erano entrati a Cormons o a Cervignano. È un errore che qualche meditazione sulle relazioni di questa modernissima forma di guerra deve rapidamente sgombrare dalle menti degli italiani.

Sorgendo su di un gomito dell'Isonzo, con la concavità verso la nostra invasione, Tolmino con le sue difese naturali costituiva per gli austriaci un eccellente testa di ponte. Ivi finiscono, dopo essersi congiunte a Baca, le due strade, una ferroviaria e una rotabile, che portano alla Sava.

Le difese naturali della posizione sono, sulla sponda sinistra, il Mrzli, il Vodil, il Triglaf, il Kavala; sulla destra Santa Maria e Santa Lucia, che si congiungono al lungo costone del Kolovrat. Da questa testa di ponte gli austriaci avrebbero potuto scendere, per le vie della Borna e del Corizza e per valle del Natisone, oppure per la via dell'Iudrio, sino al Tagliamento.

Ma le nostre operazioni contro Tolmino, da ovest ci hanno portato, presso subito il Kolovrat, a contatto con le estreme difese delle cime di Santa Lucia e di Santa Maria, mentre dal lato settentrionale, come s'è già detto, stiamo stringendo la cima del Mrzli e siamo a mezza costa del Vodil.

L'intera posizione di Tolmino non potrà essere presa fintantochè le nostre artiglierie non avranno avuta ragione delle difese della riva sinistra. Ma lo svaloramento della testa di ponte austriaca, che anche da questa parte ha salvato l'Italia dall'invasione (e ora anche qui, come dappertutto, la seconda e la terza linea sono fortificate in modo che sarebbe follia ogni nuova offensiva su di esse), è stata conquista d'incredibile valore.

Lo stesso può dirsi di Gorizia.

A sud di Tolmino, l'Isonzo piega bruscamente e scende in direzione di sud-ovest fino a Plava; ivi con un altro gomito cambia nuovamente direzione, e scende verso sud-est al monte San Gabriele e al monte Sabotino, al di sotto dei quali s'apre la piana di Gorizia.

Al nord di Gorizia, Monte Sabotino, Monte Santo, Monte San Gabriele, la Podgora, costituivano formidabili minacce; al sud di Gorizia il Carso spiega le sue forze, che il valore e la saggezza dell'esercito Italiano vanno mano mano vincendo, come han vinto quelle prime. Il valore e la saggezza mirano, nella guerra moderna, alle cime; l'attenzione del pubblico deve seguirli con fede.

□ □ □

Ho nominato il Sabotino ed il Carso. È utile che cerchiamo una visione panoramica, e riassumiamo qualche lineamento storico, della regione che essi comprendono, e che costituisce la parte inferiore del medio Isonzo.

Chi salga su una delle piccole colline, regolari, dolci, foltissime d'alberi, che da nord di Cormons stendono una cortina di verde verso l'Iudrio, può scorgere panoramicamente tutto il terreno della nostra conquista sul medio Isonzo. Alla nostra estrema destra le alture di Medea, onde comincia il Carso: e del Carso si vede il Monte San Michele, s'intravede il Vallone, che domina Doberdò.

Tra il Carso e le alture di Monte Fortin s'insinua l'Isonzo, di cui scorgiamo tratti verdissimi, smeraldini, come la piana di Gorizia: ivi s'intravedono i resti arsi di Lucinico, e dietro vi occhieggiano le prime case di Gorizia, sprazzi bianchi fuor da tuffi di verde. Da Lucinico comincia la salita di Podgora, più mite da questa parte: verso l'Isonzo è un dirupo a precipizio. Pogdora appare di qui un'altura rotonda, rossastra, mediocre. La gloria che in poche settimane ha recinto il suo nome, ci pare in contrasto con questo suo aspetto modesto. Ma ci accorgiamo subito che quel colore rossiccio che la investe tutta, sulla cima e sul giro dei fianchi, è l'effetto delle innumerevoli granate che vi sono scoppiate sopra nella lotta accanita

per quella importantissima tra le posizioni che dominano Gorizia e le sue sorti. Prima era foltissima di ciuffi verdi e morbidi, ondeggianti al vento. E in mezzo a quel verde ora distrutto, furono appostamenti, accampamenti, trincee, uomini. Salutiamo.

Il rimanente dello scenario a sinistra, ha un aspetto men dolce, più complicato, più serio. Da Medana, il cui campanile riquadrato fa quasi da centro, s'irradia una serie di costoni, lunghi, ondulati, grigio-azzurri, che si sperdono nella lontananza annebbiata del cielo; i costoni di Vipulzano, di Cerovo, di San Floriano: e subito dietro l'ultimo, le alture di Oslavjia e di Pevma. Sabotino, San Gabriele, Monte Santo, dominano e chiudono l'orizzonte.

Le truppe che ora operano in questo settore, si trovavano, prima della guerra, nella piana d'Udine, tra Codroipo e Palmanova. Il 21 fu fatto loro fare un piccolo spostamento in avanti perchè non perdessero il collegamento con le truppe che avrebbero operato alla loro sinistra. Scoppiata la guerra, alle 4 di mattina del 24 varcarono il confine dal ponte di Vicinale alla linea di Cervignano.

·Il primo obiettivo nostro era la linea che va dal Monte San Giorgio, per il torrente Versa (confluente dell'Iudrio) al Monte Quarin: obiettivo raggiunto in breve quasi senza resistenza. Affermatesi sul terreno, le truppe dovettero sostare per non rimanere isolate da quelle che operavano alla sini-

stra, e la cui avanzata era più faticosa. Il 5 di giugno venne l'ordine di procedere verso l'obiettivo finale, ch'era l'Isonzo e le alture alla sinistra di esso. Così i nostri poterono affermarsi sulla linea che ora solidamente mantengono, dalle alture di San Floriano, per il pendìo di Podgora, fino a Lucinico, e di qui al Fortin, onde muove l'avanzata sul Carso.

Le ragioni della nuova sosta nelle operazioni di questo settore sono evidenti. Davanti a reparti che costituiscono l'ala destra di questa operazione, il terreno era tutto piano: era necessario prendere qualche altura. Allora, per impegnare truppe avversarie – e specialmente l'artiglieria – furono fatte azioni dimostrative contro le alture di Oslavjia, di Pevma e di Podgora; azioni che, sebbene avessero intenzioni semplicemente dimostrative, ci guadagnarono tutte qualche punta importante, o perchè fornita di osservatorii, o perchè insidiosa.

Tale fu l'opera compiuta dalle truppe di questo settore in tre mesi di vita faticosissima di trincea; dopo i quali il fronte si trovò notevolmente allargato; e oggi va dalla cresta del Sabotino, come abbiamo detto, fino a Monte Fortin. Cioè: dalla cresta del Sabotino scende a Podzabotino, pel costone di San Floriano e per Fabrisu, fino al bivio formato dalle due strade che conducono una da San Floriano e l'altra da Fabrisu, all'Osteria al Ponte.

Da quel bivio si attacca la linea che sta davanti a Podgora. Il detto fronte comprende Lucinico, e scende, in riva all'Isonzo, fino a Monte Fortin.

□ □ □

Ora, la guerra è siffatamente concatenata lungo tutto il fronte, che per potere dal Sabotino al Fortin rettificare così la nostra linea strategica e rispondere all'uguale rettificazione che, di là da Gorizia, si viene operando sul Carso, fu necessario di assicurarsi d'un punto più a nord; cioè di stabilire una forte testa di ponte di là dall'arco dell'Isonzo che s'incunea intorno al villaggio di Plava.

Dell'operazione audace, metodica, sanguinosa e gloriosissima, con cui, tra l'8 e il 18 di giugno, fu passato l'Isonzo a Plava e nella profonda insenatura che ivi il fiume disegna fu gettata la formidabile testa di ponte, centro, verso nord e verso sud, di, tutte le operazioni che interessano i nostri eserciti orientali – i comunicati di Cadorna davano un primo annuncio così:

" Lungo la linea Isonzo, nei giorni 7 e 8, proseguirono operazioni intese a ricacciare il nemico da posizioni dominanti che ancora occupa sulla riva destra dell'Isonzo, e a stabilire solide teste di ponte. Il nemico oppose tenace resistenza, favorito da condizioni del terreno reso fortissimo dall'arte e difficile a percorrersi per numerose interruzioni di ponti e strade, nonchè per estese inondazioni lungo il basso corso del fiume. Dovunque le nostre truppe hanno combattuto con slancio e tenacia, guadagnando importanti posizioni ".

Il giorno 12:

" Sul medio Isonzo reparti delle nostre truppe sono riusciti nella notte dal 9 al 10 ad irrompere di viva forza sulla sinistra del fiume presso Plava, vivamente contrastati dall'avversario, che dovette però ripiegare di fronte ai nostri reiterati, impetuosi assalti, abbandonando sul campo numerosi morti ".

E finalmente il comunicato del 19 giugno esponeva con rara diffusione di particolari i lineamenti dell'impresa portata a felicissimo termine.

" Vi esisteva un ponte che fu rotto dal nemico. Con grande sforzo ed ardimento, stabiliti i passaggi nella notte, le nostre truppe all'alba del 16 iniziarono l'attacco; questo procedette tutto il giorno con lentezza a causa della resistenza del nemico e delle grandi difficoltà del terreno, accresciute da rilevanti ostacoli artificiali: solidi trinceramenti, protetti da profondi reticolati di grosso fil di ferro, rafforzati da spranghe e da ferri a T; numerose artiglierie di grosso calibro anche da 305, dissimulate in punti dominanti e difficili a controbattersi; tuttavia, appoggiate dal fuoco delle batterie, le nostre truppe riuscivano, con ripetuti assalti all'arma bianca, ad affacciarsi verso sera al ciglio delle prime posizioni nemiche ".

Ora mette veramente conto di parafrasare alquanto l'esposizione ufficiale, sulla scorta delle notizie che abbiamo potuto raccogliere da testimoni e partecipi del fatto, e con l'aiuto che una visione panoramica del campo ci porge. E giova risalire alcuni giorni più addietro di quelli cui si riferisce il comunicato.

13

Era dunque necessario anzitutto di passare il fiume, e di passarlo precisamente nel punto ove la curva ne è più rientrante; in quel punto esisteva un ponte e, infilato dalla strada che scende dal Corada, sboccava precisamente su Plava, al fondo di una stretta gola, tra pendii dirupati e ripidissimi, propizi a nascondere insidie d'ogni genere nei folti boschi che li coprono. E ivi il fiume scorre profondo e rapidissimo.

Ma il ponte era stato distrutto dal nemico nella sua prima ritirata. Allora nel far della notte del giorno 8, i nostri soldati mossero dal Corada e, fasciati gli zoccoli dei cavalli e dei muli e le ruote dei traini, scesero a valle tra il più profondo silenzio. Giunsero alla riva del fiume nel cuor della notte, i pontieri cominciarono con prodigiosa celerità la costruzione del ponte, per la quale s'erano portati tutti i materiali necessari: un battaglione di fanteria aveva accompagnato i pontieri e stava pronto sulla riva per proteggere l'operazione da ogni possibile offesa.

La notte passò senza offese e senza allarmi. Ma dieci metri di ponte mancavano ancora ai quaranta necessarii, quando l'alba rivelò al nemico l'opera cui i nostri erano intenti: e sull'opera cominciarono a piovere le granate che scoppiavano sulla riva o nel fiume, gli shrapnells che esplodendo in aria coprivano i lavoratori d'una gradine di palle. I danni non furono gravi; soltanto le prime barche del ponte incompiuto furono affondate da alcune schegge di granata. Ma il fuoco si faceva sempre più intenso, la fucileria s'aggiunse al tiro dei cannoni, e la fanteria nostra non poteva più pensare alla protezione del lavoro. Ostinarsi a continuarlo subito sarebbe stato uno sciupìo inutile di forze. Allora l'operazione fu sospesa, i pontieri e gli zappatori si ritirarono sulla riva destra del fiume, e s'unirono alla fanteria nella guardia del luogo, perchè quanto era già stato compiuto non fosse totalmente distrutto.

Il rimanente della giornata passò abbastanza tranquillo. Venuta la notte, che per fortuna era scurissima, furono anzitutto mandati di là dal fiume, per barca, duecento soldati con l'incarico di respingere le pattuglie nemiche che v'erano scese: vi arrivarono infatti, si precipitarono di sorpresa sulla guardia nemica, e la fecero prigioniera. Venuta l'alba mentre i pontieri continuavano la gettata del ponte, i duecento soldati si spinsero avanti e investirono audacemente gli avamposti nemici, che non se li aspettavano; li tennero così impegnati per tutto il giorno in una mischia furiosissima, senza mai dare indietro di un passo, fin che il ponte fu compiuto, e due battaglioni di fanteria poterono passare il fiume e attaccare l'altura che domina Plava, e che non ha nome; la segnano le carte militari con l'indicazione di quota 383, e con questa indicazione la ricorderà sempre la storia.

□ □ □

Intanto il nemico dal sommo dell'altura contrattacca: i nostri due battaglioni respingono il contrattacco e si raccolgono sulla cresta. Il nemico contrattacca nuovamente dai fianchi, e quelli dei nostri ch'erano più in alto sono costretti a ripiegare, per non trovarsi isolati e inutilmente distrutti. Intanto altri soldati scendono dal Corada e passano il fiume.

Mezza giornata di vigile riposo, e nelle prime ore pomeridiane del 12 due reggimenti, e alcuni battaglioni cominciano a salire l'altura per un pendìo ripido e sdrucciolevole. Uno dei due reggimenti presso Palieno ingaggia una viva lotta di fucileria contro il nemico, intanto l'altro, che rappresenta il fianco sinistro dell'azione, si lancia alla baio-

netta in non meno di sette attacchi formidabili, i quali, con effetto dimo-
strativo, sforzano l'attenzione del nemico a distogliersi dalla nostra ala
destra. Allora questa riesce ad avanzare, sotto gli shrapnells e contro il
fuoco delle mitragliatrici. L'artiglieria ch'è al sommo allunga i tiri.

In una giornata sanguinosissima si riesce così, non tanto a procedere innanzi, quanto a logorare la forza radunata dal nemico sul-
l'altura. Nei due giorni seguenti si gettano altri ponti e arrivano
rinforzi sulla sinistra del fiume. All'alba del 15 tre reggimenti ini-
ziano il secondo attacco alla quota 383, ed è quello di cui parla il
comunicato che ho riprodotto. E fecero allora stretta conoscenza con
le difese del nemico! Trinceramenti solidamente protetti, reticolati il
cui filo di ferro era rafforzato· da ferri a **T** e da due spranghe, at-
taccati a pali di ferro cementati nel terreno: in punti dominanti e
quasi irraggiungibili artiglierie abilmente dissimulate e d'ogni calibro:
v'era anche un 305. Ma buone batterie sostengono i nostri, e i nostri
avanzano: il terreno li obbliga a una conversione che rende difficili
i collegamenti; non importa: avanzano a ogni modo, ognuno per
suo conto; la cima dovrà riunire tutti i vincitori. I soldati vanno
avanti, ognuno, di proprio conto, senza bisogno di comandi; si lanciano all'arma che è la loro preferita, e in cui sono invincibili; l'arma
bianca. E verso sera riescono ad affacciarsi al ciglio delle prime posizioni nemiche.

La notte dal 16 al 17, riposano nelle trincee conquistate, che
fiancheggiano il monte.

Quel riposo ingannò provvidenzialmente i nemici.

All'alba del giorno appresso essi fecero i loro conti: gli italiani
sono sulla cresta, che dalla cima scende verso sud-ovest, l'altro reggimento certamente è distrutto. E poichè il nostro reggimento di si-

nistra riprende l'attacco, essi lanciano tutte le forze rimaste loro contro di esso. Ma l'altro reggimento non era distrutto: s'era semplicemente riposato, e ora sopraggiunge inaspettato e impetuoso contro il fianco del nemico, lo urtò, lo penetrò, lo sconquassò. Il brevissimo tratto si sparse rapidissimamente di cadaveri d'austriaci; gli altri s'arresero, tranne pochissimi che fuggirono precipitosamente giù per la ripa settentrionale dell'altura.

Alle otto e mezzo del mattino del giorno 17, la quota 383 era nostra, Plava era libera dal suo dominio, e l'altura occupata, scendente giù con i suoi due costoni verso Palievo e verso l'Isonzo, costituiva una solidissima testa di ponte, da cui potrà cominciare a irradiarsi in tutti i sensi la nostra avanzata a ventaglio; portando di là dall'Isonzo grandi contingenti, che possono essere impiegati sia contro Tolmino sia contro Gorizia, oppure in una prosecuzione di azioni verso oriente quando quei due capisaldi della difesa austriaca sul medio e sul basso Isonzo fossero in nostro potere.

Anche di questa perdita, come di quelle delle posizioni su Plezzo e del Monte Nero, apparve subito al nemico l'importanza, tanto ch'esso tentò subito, in un attacco del 20, di riprenderla, e ritentò poi più volte, specialmente di notte, anche con lancio di bombe a mano, specialmente il 22 di giugno e il 17 di luglio, attacchi brevi, rapidamente respinti, senza alcun risultato.

Anche attorno a Plava la nostra occupazione si è consolidata in modo incrollabile, e rappresenta uno dei punti più importanti della travagliosa rettifica di confine che è il compito e l'effetto di questo primo periodo della nostra guerra.

Il Carso

Il Carso

Romans, 26 settembre.

DAL colle di Medea, fiorito di boschetti come un nitido recesso d'Arcadia, ci si scopre la zona tra l'Iudrio e l'Isonzo, davanti al grande e confuso rilievo lontano del Monte Nero che ci manda il suo ultimo saluto. Sono le colline del Collio: è una molle transizione tra le montagne e montagne che hanno accompagnato tutto il nostro viaggio sinora, e la pianura che da Gorizia, incurvandosi attorno al Carso, volge i nostri pensieri verso il mare imminente.

□ □ □

Eccolo, il Carso fatale. Linee lunghe, curve lentissime, che pennelleggiano l'orizzonte di colori tepidi e morbidi. È il Carso veramente? Le Alpi Tridentine, le Dolomiti cadorine, i dirupi Carnici, il Monte Nero poderosissimo, s'intonavano più recisamente con la visione di forza, di lotta, di travaglio, di asprezza conquistatrice che quei nomi suscitano in noi. Ma il Carso sanguinoso, quello? Sono terrazze che invitano a salirvi per ammirare albe e tramonti. I rombi del cannone che le avvolgono sembrano anch'essi più miti, spari di feste campestri lontane. L'aria è lucida, gli alberi svettano sul colle, il cielo è virgineo d'azzurro e di candore.

Ma dal verde del terreno fioriscono scoppi improvvisi, nell'azzurro e nel candore del cielo sbocciano nebulette più azzurre e più candide di quello, e dipingono sul cielo una ghirlanda chiara che si chiude, si sposta, si rinnova: in mezzo alle nebulette appare un nero, non più che un punto, e s'abbassa, si dilata, si accende ferito dai raggi del sole, mette le ali. Gli scoppi degli shrapnells continuano a fiorire a festoni e ghirlande sotto l'areoplano, sotto i due areoplani che s'avvicinano a noi, in rote lente e larghe. Ora le nebulette dissolvendosi hanno diffuso una tenue nuvola chiara che il cielo assorbe nella cerulea infinità; e gli scoppi si fanno sempre più spessi, e gli areoplani s'allontanano, fuggono, scompaiono. Ma riportando lo sguardo a terra, giù nella piana, vediamo qua e là uscirne getti di fumo torbido. L'areoplano ha seminato qualche bomba per questi colti che non vorrebbero se non germi di piante benefiche, la vite il granturco l'ulivo il frutteto. Sono il Carso davvero quelle pendici tenere che tratteggiano l'orizzonte, il Carso fatale e sanguinoso, ove si combatte, si muore, si vince ora per ora travagliosamente la magnifica battaglia cui s'appunta la guerra lunga che per una serie ininterrotta ci ha accompagnati dallo Stelvio all'Adriatico.

□ □ □

Non c'erano su questo suolo difese permanenti, ma strade, ferrovie, ponti: chiaro segno del concetto offensivo che covava nella mente dei nostri nemici durante gli anni penosi della maligna alleanza.

Pure non fu grande svantaggio per essi. La guerra moderna ha diminuito di molto, per non dire negato del tutto, il valore delle fortificazioni permanenti. Con le difese e i trinceramenti improvvisati che l'Austria ha stabilito su tutto il terreno, essa ci creò rapidamente condizioni durissime di lotta. Le complicate opere trincerate contro cui le nostre truppe s'imbatterono nella loro avanzata, erano veramente formidabili. Ma il passaggio dell'Isonzo sotto le prime pendici dell'altipiano, e la scalata loro, fecero subito dimenticare e parer lievi quelle prime difficoltà.

Di qua possiamo vedere la lunga schiena del Sabotino: dietro vi passa l'Isonzo, che discende tra il Sabotino e Monte San Gabriele. E riconosciamo anche il Podgora, ruvido e rossiccio, come l'hanno ridotto miriadi di granate distruggendo il bosco foltissimo che lo ricopriva. E il Monte Fortin, sentinella avanzata del Medio Isonzo verso il Carso. Presso Sagrado il fiume svolta nella pianura, ivi un canale ne deriva circondando torno torno tutto l'orlo del Carso fino a Monfalcone.

La cerchia più vicina a noi è costituita dai colli di Manzano, di Cormons, di Quarin, che ricollegano la pianura alla regione del Collio. Una pianura varia, accidentata, mossa, vivacissima di ciglioni, d'avvallamenti, di crespe; e la pianura continua sbalzando di là dall'Isonzo e insinuandosi nella vallata del Vippacco: vi biancheggiano Cormons, Subida, Capriva, San Lorenzo di Mossa, vi nereggia Lucinico arso: sporge, all'imbocco della valle, Gorizia.

Gorizia appare, in tutti i suoi particolari, una città fortificata dalla natura secondo le regole dell'arte. Un bastione a sinistra: il Podgora, con le alture che gli si accavallano intorno. Uno a destra: il Carso. La pianura intermedia fa da cortina, il tratto dell'Isonzo da fossato.

A nord di Gorizia le cime, rosse di lunga lotta, del Podgora del Sabotino del Monte Santo: solo quest'ultimo ci rimane ancora da prendere del tutto perchè uno dei due bastioni taccia. Dell'altro, il Carso, abbiamo occupato intiero il ciglio esteriore da Monte San Michele a Monfalcone. E ci troviamo di faccia al secondo, al Vallone, che domina Doberdò e Oppacchiasella.

Il Carso, tanto meno aspro, alto e diruto degli altri, è tuttavia una più formidabile difesa per il nemico. Il suolo n'è sassoso e roccioso, ma la natura calcare vi ha permesso lunghe e ampie erosioni entro cui i corsi d'acqua scompaiono. Nelle più late, le doline, si adagiavano sul leggiero strato di terra che le ricopre, intieri vigneti, campi, frutteti, villaggi: oggi taluni di quegli incavi costituiscono irraggiungibili luoghi di appostamento per le batterie austriache. Inoltre le pendici più alte sono ricoperte di boschi. Ne vediamo di qui chiaramente alcuni che si sono già conquistati una fama terribile: bosco Cappuccio, che imberrettava la cresta sopra Sdraussina: non l'imberretta più perchè i proiettili lo hanno tutto sfrondato e bruciacchiato; più in basso verso la piana di Gradisca, Bosco Triangolare e Bosco a Lancia. Furono tutti insidiosi ripari per il nemico, continuando la serie di fortificazioni campali che percorrevano la linea del fiume. I nostri non li conoscevano e dovevano avanzare dentro essi con non meno di prudenza che di coraggio. Sopra da quei boschi, e oltre verso il mare, si stende il Monte Sei Busi.

□ □ □

Il 24 di maggio da Saga i nostri occuparono la linea Cormons – Versa – Cervignano – Terzo: il 25 urtarono contro la difesa del Sabotino; dal 25 al 28 presero il Fortin; poi sostarono per fortificarsi ed organizzare i servizi.

Il 5 di giugno cominciò il vero periodo di attacco alle posizioni; l'8 si gettò un ponte sull'Isonzo a Sagrado. Intanto avevamo rapidamente ricostruito su palafitte quello di Pieris che il nemico aveva distrutto ritirandosi.

Il passaggio del ponte di Sagrado ai piedi della prima cornice carsica, sotto il fuoco continuo, parve un miracolo. Costituiti di là dal fiume, cominciammo la serie ininterrotta degli attacchi su tutta la curva carsica: la prima occupazione fu quella di Monfalcone e della sua rocca. Nel suolo roccioso non potevamo scavare le trincee, dovevamo costruirle a sopraelevazioni di sacchi di pietre. Le linee dei muretti levate così si moltiplicavano, in tutte le direzioni, con cento svolte ed intrichi, man mano che salivamo. Il 23 tutto il margine

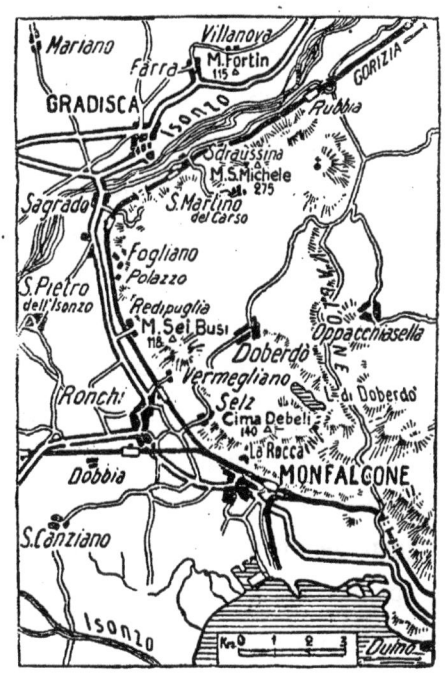

dell'altipiano tra Sagrado e Monfalcone era nostro. Il 24 la linea nemica fu sfondata, sopra Redipuglia, con la presa di Castelnuovo.

La quale presentò una difficoltà nuova e particolarissima in aggiunta alla consueta dei trinceramenti cementati e blindati. Tutta la regione a occidente del Carso è corsa da un sistema di canali, che mette capo a Monfalcone; uno dei quali è il canale Dottòri, quello che corre ai piedi della collina seguendone la curvatura. Per raggiungere la radice di essa collina occorrevano dunque ponti, e i ponti erano stati distrutti. Opportune cognizioni ci accertarono che era stato rotto l'argine del detto canale, inondando il piano e anche alcuni paesi, e che per mantenere l'inondazione gli austriaci avevano chiuse le saracinesche dell'incile di Sagrado. Nelle case di Sagrado si vede ancora il segno cui giungeva l'acqua. Allora alcune pattuglie si spinsero a Sagrado e vi ruppero un argine, in modo che il deflusso delle acque della inondazione si versasse nell'Isonzo: ma la breccia non fu abbastanza ampia, e il suolo era ancora coperto da uno strato di venti centimetri d'acqua.

L'avvenuta inondazione ci dava motivo di credere che le resistenze del costone di Castelnuovo, a sinistra, fossero minori che nel costone che lo continua a destra, quello dei Sei Busi.

La notte sul 22 giugno due compagnie traversarono il canale Dottori e s'abbarbicarono alla collina: la notte seguente il Genio, incurante del fuoco di cui il nemico lo ricopriva, gettò i ponti sul canale. La mattina del 24 le truppe si lanciarono attraverso l'inondazione, fino a raggiungere lo sperone di Castelnuovo, coperto di fitti boschi a noi perfettamente ignoti, pieni, come ho già detto, di agguati, seminati di mine. Catene di uomini usciti appena dall'acqua si spargevano cautamente tra gli alberi a tagliare i fili elettrici che congiungevano le mine e poi a scavarle una per una. Intanto una batteria d'artiglieria, portata audacemente sulle prime linee, cannoneggiava e demoliva l'incile di Sagrado, togliendo l'ostruzione e riaprendo il corso alle acque verso l'Isonzo.

La mattina del 25 gran parte del costone di Castelnuovo era nostra, occupazione che ci permise di stabilirci almeno in punto elevato rispetto al fronte.

Nei giorni dal 2 al 4 luglio ebbe luogo il compimento dell'azione su Castelnuovo.

Quando le nostre truppe arrivarono al castello da cui il costone prende il nome, una parte della pendice occidentale ne era rimasta tuttavia occupata dal nemico. Di mano in mano che arrivavano, i nostri erano decimati dall'artiglieria, dalla fucileria, dalle mitragliatrici; ma la sola cosa che li impensierisse era la difficoltà dei reticolati magnifici, fortissimi, tenuti da paletti di ferro cementati nella roccia. Li dovettero sfondare con l'artiglieria. Aperto così in essi un varco, i soldati vi irruppero dentro e presero un trincerone, che fu il punto di partenza di un'azione di rovescio sulle altre trincee. I nostri cannoni avevano sparato per quattro ore consecutive su tutto il fronte da Sagrado a Monfalcone. In tre colpi raggiungevano la trincea, rovesciandone il parapetto.

Verso la metà di luglio avvenne una nuova spinta offensiva: in una sanguinosa azione, compiuta con esemplare accordo tra la cavalleria e la fanteria, ben sei ordini di fortissime trincee furono presi; vi si fecero in quattro giorni quasi quattromila prigionieri oltre la cattura di mitragliatrici, fucili, munizioni. Nella notte del 22 il nemico ricevè grandi rinforzi e tentò un attacco disperato contro la nostra sinistra. Le nostre truppe di prima linea sostennero validamente l'urto finchè ricevettero a volta loro rinforzi; allora poterono, come diceva il comunicato relativo, " sferrare una vigorosa controffensiva che riuscì una vera rotta per l'avversario ". Il quale lasciò il suolo letteralmente coperto di cadaveri, e in mano nostra altri millecinquecento prigionieri. Qualche giorno di raccoglimento, e il 25 conquistiamo Bosco Cappuccio e alcuni trinceramenti della Selva di San Martino al Carso. E infieriamo contro il Monte dei Sei Busi, lo conquistiamo, lo perdiamo, lo riprendiamo; anche questo terreno è per noi nuovo: i boschi che lo ricoprono nascondono mille insidie. Dobbiamo proteggerci colle maschere dai gaz micidiali emanati dalle bombe e dalle granate asfissianti. Solo quando i nemici sono snidati tutti, uno per uno, alla baionetta, dai boschi, possiamo dire nostro il Monte dei Sei Busi. E anche questa volta la giornata finisce per noi con la cattura di oltre un migliaio e mezzo di prigionieri.

Il 27 la battaglia continua infocatissima: si conquista per breve il San Michele che domina tutto il primo tratto dell'altipiano, ma qui i tiri incrociati e violentissimi delle batterie multiple d'ogni calibro ci costringono a ripiegare; anche ripiegando, i nostri fecero più di mille prigionieri: erano quei soldati che dovevano tentare l'avvolgimento del San Michele da Rubia, e perciò vennero a scontrarsi coi nostri. Intanto al centro si procede alla baionetta verso la sella di San Martino: la sera si compie la conquista del Monte Sei Busi, lasciata interrotta tre giorni innanzi, con la cattura di più di tremila prigionieri, di cinque mitragliatrici e di molte altre armi, munizioni, viveri, materiale da guerra.

I giorni che seguono sono impiegati nel fortificare le posizioni conquistate, rettificando a nostro vantaggio la linea di schieramento con parziali conquiste di trincee. Poi comincia da parte nostra un periodo di difesa, perchè contro la nostra occupazione il nemico si accanisce, non solo con i cannoni e i fucili, ma anche con le bombe a mano, con getti di esplosivi dagli areoplani con tentativi di incendi dei boschi. La nostra vigilanza sventa ogni loro tentativo. Intanto ci prepariamo a proseguire l'avanzata contro la seconda linea del nemico, preparata ad oriente di quella che abbiamo già superata. L'attacco alla seconda linea comincia il 30 di luglio; il nostro centro comincia ad avanzare. Una breve sosta ci è imposta dall'attacco che il nemico porta la notte del 31 contro la nostra destra al monte dei Sei Busi, con truppe di Kaiserjager che distruggiamo quasi completamente. Grosse colonne nemiche marciano da Duino verso Doberdò: ma i nostri osservatori le scorgono, le nostre artiglierie le disperdono prima che siano giunte a rinforzare le truppe di linea e possiamo muovere alla offensiva, conquistare altre trincee, e intanto difenderci dalle azioni dimostrative che il nemico tenta contro l'ala sinistra, tenendo sempre per obiettivo la riconquista del monte Sei Busi e specialmente movendo contro il bosco del Cappuccio. Qua la nostra offensiva ci porta ad una brillante conquista parziale, quella del trincerone che domina lo sbocco orientale del bosco stesso e di qui gli accessi a San Martino del Carso. Col 7 di agosto siamo per un tratto traboccati oltre il primo ciglio dell'altipiano giù nel margine dell'avvallamento che scende verso Doberbò; nei giorni seguenti la nostra attenzione deve proteggere Monfalcone, contro cui il nemico accanisce con bombe incendiarie; il 26 di agosto occupiamo il bosco di San Martino che il nemico ha lasciato indifeso, e contro cui tenta un tardivo assalto furioso, che respingiamo volgendo in fuga gli assalitori, come respingiamo da tutte le posizioni carsiche tutti gli altri attacchi, specialmente notturni, pronunciati dal nemico con abbondante lancio di razzi luminosi.

Altra notevole avanzata si ha il giorno 4, specialmente verso la strada che conduce a Doberdò. E avanzare vuol dire salire verso una trincea sotto il fuoco; prenderla; appena presa accorgersi che a lato di quella, invisibile, n'era una trasversale dalla quale il nemico spara nella nostra infilata; arrestarsi a conquistare anche quella prima

14

di procedere un poco più su; dilagare così, lenti, come un'acqua in un piano paludoso, in quella rete strana, irregolare, pazza, piena d'agguati, che gli austriaci con una magnifica preparazione hanno saputo stendere approfittando di tutti gli accidenti prodotti dall'erosione nel calcare dell'altipiano insidioso.

Il diciotto di settembre segna dell'impresa carsica un episodio importantissimo. Il nemico era rimasto annidato, e fortemente trincerato, come dappertutto, entro il bosco Ferro di Cavallo, ad occidente del San Michele. Alternando azioni di sorpresa con attacchi di viva forza, la nostra fanteria prese l'offensiva e poi mano mano dilagò per tutto il bosco.

Non le sole forze della fortificazione campale del nemico dovè vincere, ma anche la sua slealtà. Avvenne qui, com'era già avvenuto più volte altrove in questa guerra, che alcuni soldati simularono la resa alzando le mani inermi: quando i nostri, fiduciosi, furono loro vicinissimi, quelli si gettarono a terra e scoprirono dietro di sè un'altra fila a fucili spianati, che cominciò a sparare infernalmente sui nostri.

In questo modo si avanza su per il Carso. Il ciglio dell'altipiano non ha più pietre, e allora i ripari delle trincee si fanno con sacchi a terra. Non potendo interrarsi, si prosegue con fortificazioni di riporto, che disegnano un feroce labirinto di linee aspre su tutta la superficie del colle. E dappertutto siamo esposti agli sguardi del nemico. E dietro il San Michele, fino a Monfalcone, ci aspetta l'altra cresta, il Vallone, maravigliosa linea di arroccamento dei nostri nemici. Il Monte San Michele, che dovemmo riprendere tre volte, era un osservatorio da cui nessun punto del terreno poteva loro nascondersi.

IL CARSO

Ora il nostro fronte segue, da Peteano a Monfalcone, tutto il primo orlo del Carso, e si affaccia al Vallone. E gli austriaci sfogano il loro rancore per la grave perdita con bombardamento in continuo contro Castelnuovo, punto obbligato di passaggio per i rifornimenti e le riserve.

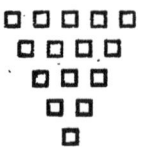

Da Gradisca al mare

Da Gradisca al mare

Grado, 27 settembre.

L'ASPETTO dei boschi bruciati, delle montagne sforacchiate, dei cocuzzoli arrossati dallo scoppio dei proiettili, delle campagne coltivate a paletti rigidi e a vaste stese di ferro, arate di trincee in cemento, non vi fa pensare al travolgimento di vite umane che ognuna di quelle scene rappresenta. Ma la dimora, anche di poche ore, in una città (per esempio di queste tra Cervignano e l'Isonzo) da cui gli abitanti sono tutti fuggiti, e il cannone e la mitragliatrice continuano a infierire contro le case e le strade, vi dà improvvisa al cuore la stretta che altri più violenti aspetti della guerra difficilmente riescono a darvi.

E man mano che procediamo verso l'oriente, per Villa Vicentina, e passiamo il Ponte di Pieris, e ci stendiamo più a nord verso Turriaco e Begliano, o più a sud verso San Canziano, la desolazione delle case crollate, delle chiese dimezzate, dei muri forati, dei rottami bruciacchiati, aumenta nella dolce piana su cui l'aria pare piover rose ad ogni alba e violette a ogni vespero. Procedendo, ci accostiamo a Gradisca.

□ □ □

Gradisca la nitida, Gradisca la verde e candida, Gradisca la primaverile per eccellenza delle città, piena d'ombre di platani e d'ippocastani, ridente di giardini ospitali raccolti, così poco austriaca, così viva e gaia....

Gradisca è un cimitero; o qualche cosa di più triste: un cimitero da cui siano fuggiti anche i morti.

La popolazione è tutta fuggita, ai primi giorni, ai primi spari. Erano rimasti soltato quattro vecchi paralitici. Dai letti dove il male li teneva immoti dovettero per più giorni sentire il rombo delle artiglierie, il miagolìo delle granate, il fischio della fucileria, il croscio delle case infrante. Poi, credo, qualcuno pietosamente li portò via.

Ora le case distrutte sono meno malinconiche delle case rimaste integre, piene di segni della vita intima che le animò fino all'ultima ora, ma vuote dei protagonisti di quella vita. Vie intatte, persiane socchiuse, usci spalancati precipitosamente nella fuga, e un silenzio mortale che percorre le vie, dilaga nelle piazze, fascia le case, penetra per i fori enormi aperti dalle granate, sale le scale, invade gelido e bianco le camere sfatte che non sanno più nè la veglia nè il sonno. Mi sono sorpreso a camminare in punta di piedi lungo un marciapiede, come se avessi temuto di svegliare la città fantasma.

Da un uscio semiaperto sono entrato in un caffè. C'era su un tavolino tutto un servizio pronto: i quattro pezzi di zucchero sul piattino mantenevano la disposizione architettonica che molte case della città hanno perduta; dovevano essere fuggiti nello stesso punto improvvisamente, sorpresi dal primo scroscio, l'avventore e il cameriere chino verso lui nell'atto di domandare: – Quanti pezzi? – Solo il cucchiaino era caduto a terra. E a terra era uno dei due o tre tavolini posti fuori del caffè nella via. L'avventore vi ha inciampato, il cameriere non s'è chinato a raccoglierlo.... Così la fantasia si esercita puerilmente a integrare le piccole scene. Nella bottega d'un sarto trovo un libretto con segnate le misure degli abiti da fare. Presso una misurazione c'è questa nota: " *veronese con vestito grigio; persona sospetta, da tener d'occhio* ". Ma, suprema malinconia, in una modesta stanza da pranzo, a un pian terreno, c'è sulla tavola una tazza di latte vuotata a mezzo e lì vicino un quaderno con un compito di calligrafia non finito, e una penna buttata sulla tavola. Il piccino aspettava che sonasse l'ora della scuola. E mi agghiaccia il pensiero che forse un'altra più solenne ora è sonata per lui, così piccolo.

M'imbatto in altri due ricordi, molto diversi, della vita che fu qui: il teatro e il penitenziario. Il teatro è stato sventrato da una granata. Sulla porta è una lapide ammonitrice: " *Gradiscam condidere veneti* ". Dentro, tutta la platea è intatta, con le poltroncine vuote, il sipario alzato, i palchetti in attesa. Qui recitò Eleonora Duse: al Municipio di Gradisca se ne trova ancora il documento, in questo manifesto:

" *Teatro di Gradisca - Giovedì 27 marzo 1873 - Serata a beneficio della prima amorosa - Eleonora Duse - Idillio composto in 4 atti col titolo - Celeste - del gentil poeta Leopoldo Marenco* ".

Nel penitenziario visito la orribile segreta ove languì Federico Confalonieri: tre metri quadrati; non più alta d'un uomo non alto, per finestra un quadratino ritagliato nell'uscio ferrato. I pavimenti delle celle, delle stanze, dei corridoi, delle scale, per tutto il penitenziario, sono una confusione enorme di carte, d'indumenti, d'oggetti d'ogni genere, gettati, calpestati, trascinati dal vento improvviso della fuga, perchè anche i reclusi nel momento della nostra occupazione furono lasciati fuggire.

Una via è chiusa da una mezza barricata. Attraverso una piazza ingombra di macerie e m'accorgo dal disegno del pavimento ch'era stata l'interno d'una casa.

Mentre i tiri delle artiglierie nostre e delle nemiche s'incrociano sul nostro capo, usciamo di tra le case, cerchiamo l'aria e la luce che non hanno fuggito la città colpita, che non si spaventano dello strisciò delle granate e del fischio delle fucilate che ogni tanto le attraversano. Per i giardini ancora verdi e per i viali ampi cominciano a piovere le foglie gialle dei platani. Giriamo attorno le enormi buche dei trecentocinque, ripiene d'acqua. Qualche errabonda palla di fucile viene ad abbattersi sul marciapiede, qualche altra si schiaccia contro un muro in forme oscene; qualcuna ancora, più malinconica di tutte, sibila flebile tra il fogliame, rompe due o tre rami secchi. Viene a finire miserabilmente lacrimosa a' miei piedi. Non ha saputo trovarsi un posto nella vita attiva della guerra. Ogni tanto, in un prato o in un'aiuola d'uno di quei giardini, l'occhio è attirato da poche pietre disposte in bell'ordine con una certa ricerca architettonica. Sono tombe d'ufficiali. Subito di là da un cancello che chiude un viale si vedono le trincee che s'arrampicano su per il primo declivio del Carso.

E in questa desolazione può fiorire l'ironia. In un punto dei più battuti sorgono pochi alberi spelacchiati di tra una distesa di macerie, e misti a queste le reliquie, i rifiuti, gli avanzi di tutto ciò che serve alla vita quotidiana dell'uomo, dal libro alla sedia e dalla padella alla ruota; e tra quel miscuglio si sforza di sporgere qualche cima di cespuglio mal fiorito, a stento, storcendo il fusto esile per raggiungere di sbieco la luce. Ora, tutto questo è circondato da un cancello, e a sommo del cancello sta scritto che " si affidano le piante alla tutela del pubblico ". Quei cumuli di rottami hanno una vaga forma di aiuole.

E in questa desolazione può scoppiare il grottesco. Di tutta una casa non è rimasta che una striscia di muro, altissima, stretta, coi due margini bizzarramente frastagliati. Fu parete di vita domestica, e ora non è più nulla, isolata là in mezzo a un largo che fu strada, senza ufficio, senza effetto, esposta alle palle che ogni tanto vengono a colpirla e le cadono ai piedi come esauste: ma a quella striscia nuda di muro, all'altezza di quello che fu il terzo piano, è rimasta attaccata una lucida latrina all'inglese, e sta ancora lassù, fra terra e cielo, intatta: le palle di fucile la rispettano religiosamente; sembra che debbano rispettare quella sola.

Lascio Gradisca, battuta dal romore dei cannoni, dei fucili e delle mitragliatrici, con un'impressione di silenzio che mi pare non debba lasciarmi mai più.

□ □ □

Ritrovo la vita in una piccola città luminosa la cui potenza fu enorme, ed è morta da molti secoli: una città che all'epoca romana aveva mezzo milione di abitanti; che Attila fece incendiare, e neroneggiò contemplandone l'incendio dal colle di Udine, o secondo altri da quello di Medea. Il suolo n'è inesauribilmente fertile dei ricordi d'una ricchissima vita oggi spenta; il suo nome ci risveglia immagini di grandezze romane, venete, italiche: voli d'aquile sui mari. Forse occorreva quest'immergersi nell'aura d'una italianità che ha radice nei secoli più lontani, per sentire anche più suasivamente la necessità della nostra guerra. I mosaici bizantini e le pitture trecentesche di Aquileia, la sua basilica e il suo museo, i ritratti di senatori romani e le pietre sepolcrali dei legionari, i miti pagani scolpiti nei bassorilievi e i monili delle matrone: come è veramente poco austriaco tutto questo! Dovè sentirlo la stessa Austria, che per farselo veramente suo asportò occultamente gli oggetti più preziosi del museo per internarli a Vienna: li asportò la notte del 28 aprile, proprio nel momento in cui, a quanto risulta dai libri diplomatici, sembravan meglio sul punto di riuscire i tentativi consacrati nell'indimenticabile " parecchio ".

Austriaca Aquileia! La città che impassibile conobbe vittorie romane e ostrogote e bizantine e saccheggi longobardi, e mantenne nella lunga decadenza l'anima pura della sua grande giovinezza, non è indifferente alla guerra odierna; dal pulpito del Duomo che seppe le tre epoche più gloriose dell'arte nostra, il suo parroco predicò giorni sono ai popolani e ai soldati, sapete su qual testo religioso? sulla lettera scritta da Tito Speri nel carcere prima di morire. Per tanti altri parroci di paesi conquistati, il cui nome sonerebbe infamia nei secoli, voglio che si ricordi quello di don Innocenzo Costantini, parroco d'Aquileia, anima modesta di prete campagnolo, mente culta di studioso e di artista, cuore ardentissimo d'italianità.

□ □ □

Ma da Aquileia chiudiamo il nostro viaggio con una rapida corsa al mare, all'Adriatico che sta per ritornare tutto nostro, in virtù della grande impresa che inarca un braccio di fuoco di gloria e d'amore sulla nostra terra, dai ghiacciai dell'Ortler che ora mi sembrano tanto lontani, fino a quest'isola dolcissima: Grado. Grado, isola e città ospitale, popolata di donne e di bambini, è anch'essa quanto vi può essere di più italiano. Amarono per interesse l'Austria molti de'suoi abitanti, che ora combattono sotto le bandiere gialle e nere. I pochi di essi che ritorneranno troveranno nei nomi nuovi delle strade – Via Vittorio Emanuele – Via Regina Elena – Riva dei Bersaglieri – il segno di qualche cosa ch'essi non sapevano capire, e che non è nuovo, è antichissimo, imperituro: l'anima italiana di Grado, della laguna, del mare.

Scendiamo al mare dal molo e dalla lunga passeggiata lungo la riva. Cielo color azzurro d'Italia, mare color verde d'Italia, pendii folti lungo una costa là in faccia; e su quelli spiccano città maggiori e minori. Sono Parenzo, e più qua Pirano, e ancora più qua Capodistria; e poi in faccia, improvvisa, vicinissima, più grande, più rosea, più candida Trieste; Trieste con il suo colle e con tutta la sua anima rassegnata e anelante. È vicinissima. Vede sventolare il tricolore di Grado. Il mare è placido e l'aria quieta. Con una barca raggiungeremmo Trieste prima che il roseo muoia nel bruno della sera. Andiamo....

Ma più vicine fumano ancora le case di Monfalcone, diuturno bersaglio del nemico; rosseggiano i suoi alti camini mozzati, e ci ricordano che il còmpito è ancor arduo, e che il cammino di Trieste è più lungo di quello che ci offre il calmo spazio verde e bruno di questo morbido golfo.

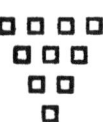

EZIO M. GRAY

IL BELGIO

sotto la spada tedesca

QUARTA EDIZIONE   20° MIGLIAIO

Dall'invasione (4 agosto) alla presa di Dixmude (15 novembre)

Croyez à notre vive gratitude pour le courage avec lequel vous defendez en même temps que la cause de nôtre pays celle de la justice et de la civilisation outragées.

Le Hâvre, 17 nov.   *Il ministro di Stato Belga* CARTON DE WIART.

Il pregio maggiore di questo volume del Gray sta nell'aver ordinata tanta copiosa materia in una organica esposizione, senza preconcetti e senza debolezze sentimentali, ma con una obbiettività che non cessa di porre in risalto, che ve la pone anzi più fortemente, la violenza germanica.   *(Il Corriere della Sera).*

È un libro dettato da una schietta e commossa simpatia per la infelice nazione di Re Alberto, ed ha soprattutto il merito di ricordare a noi italiani, assai spesso, la nostra. Per questo c'interessan particolarmente i capitoli che riguardano il lungo lavoro di penetrazione compiutovi dai tedeschi negli ultimi anni e soprattutto l'esposizione che il Gray ci fa dell'audacia e della pertinacia con le quali si è svolta nel Belgio l'azione dello spionaggio germanico. *(Il Marzocco).*

Il diretto contatto con gli uomini e gli avvenimenti ha dato al Gray una forma di giudizio insolita e convincente, espresso con un'arte chiara di scrittore che aveva fatto già buona prova altrove....   *(La Tribuna).*

Il libro del Gray è così bene costruito e pesato, così esatto nella esposizione ed acuto nella valutazione che è già storia, quella storia che secondo l'aforisma non dovrebbe essere fatta che dai posteri.   M. BONTEMPELLI *(Il Nuovo Giornale).*

Ezio Maria Gray fa una descrizione impressionante, nella sua tagliente e pittoresca sobrietà, dell'orribile sequela di sciagure che si è improvvisamente abbattuta sul Belgio.... Può dirsi una brillante requisitoria contro la forza, in difesa del buon diritto.   *(La Gazzetta di Venezia).*

....È un libro che ha un grande valore come documento e che fa perfettamente conoscere il sistema di preparazione alla guerra dei nostri potenti nemici....   S. Ecc. W. VAN DEN STEEN, *Ministro del Belgio a Roma.*

Volume di circa 200 pag., in-8° grande, con una carta geografica dell'invasione tedesca, una pianta del campo trincerato di Anversa e copertina di F. Scarpelli **Centesimi 95**

L'INVASIONE TEDESCA IN ITALIA

ITALIA

[*Professori, commercianti, spie*]

di

EZIO M. GRAY

La guerra in tempo di pace nel concetto tedesco.

Le forme meno note di spionaggio.

Lo spionaggio aulico e colturale: attività imperiale; istituti di coltura; ricerche archeologiche e storiche; cartografia; scuole.

Lo spionaggio bancario: banche tedesche e capitale italiano; rapporti tra banche e industrie; le banche e la politica; schede di informazioni.

Lo spionaggio commerciale: il sistema commerciale come sistema di conquista; superproduzione tedesca e mercati italiani.

Le inframmettenze politiche: politica interna; contrabbando; agitazioni operaie; scioperi; giornalismo; politica coloniale.

Spionaggio militare e infiltrazione individuale: touristi; albergatori; matrimoni.

Conclusione.

TERZA EDIZIONE - 15° MIGLIAIO

Volume doppio (di circa 300 pagine) in-8° grande, con artistica copertina a colori di FILIBERTO SCARPELLI **LIRE 1,90**

Lightning Source UK Ltd.
Milton Keynes UK
UKHW02f0752090818
326991UK00010B/554/P